# 高端
# 商务礼仪

## 快速成为职场沟通达人

杨雅蓉　主编

化学工业出版社

·北京·

## 内容简介

《高端商务礼仪：快速成为职场沟通达人》一书由导读和3个部分构成。导读主要从职场沟通从礼仪开始介绍。第1部分职场达人基础篇，包括先入为主，让形象代言，举手投足，让魅力展现，谈吐优雅，让礼节有度3章内容。第2部分商务礼仪实战篇，包括商务接待礼仪，商务通信礼仪，商务往来礼仪，商务餐饮礼仪，商务会议礼仪，商务仪式礼仪6章内容。第3部分职场沟通实战篇，包括分清沟通的对象，把握沟通的环节，掌握沟通的技巧3章内容。

本书以浅显易懂、平实幽默的语言风格，通过大量翔实的案例阐述了商务礼仪和沟通的基本理念、商务交往中要遵循的原则以及如何把尊重、礼貌、热情用恰到好处的方式规范地表达出来。使读者在轻松、愉快的氛围下便可学习到非常实用的商务礼仪和沟通技巧。

### 图书在版编目（CIP）数据

高端商务礼仪：快速成为职场沟通达人/杨雅蓉主编．—北京：化学工业出版社，2021.8（2024.11重印）

ISBN 978-7-122-39168-1

Ⅰ.①高… Ⅱ.①杨… Ⅲ.①商务-礼仪 Ⅳ.①F718

中国版本图书馆CIP数据核字（2021）第092898号

---

责任编辑：陈　蕾　　　　　　　　　　　装帧设计：小徐书装
责任校对：李　爽

出版发行：化学工业出版社（北京市东城区青年湖南街13号　邮政编码100011）
印　　装：大厂回族自治县聚鑫印刷有限责任公司
787mm×1092mm　1/16　印张14¾　字数288千字　2024年11月北京第1版第7次印刷

购书咨询：010-64518888　　　　　　　　售后服务：010-64518899
网　　址：http://www.cip.com.cn
凡购买本书，如有缺损质量问题，本社销售中心负责调换。

---

定　　价：69.80元　　　　　　　　　　　　　　　　　　　版权所有　违者必究

# PREFACE 前 言

商务礼仪不仅是一种技巧，一种学问，更是一种品格。在商务活动中，良好的商务礼仪不仅有助于塑造良好的个人形象和企业形象，还是人际关系的润滑剂，企业利润的无形创造者。

在商务往来中，良好的礼仪与沟通技巧能迅速获得客户的好感，从而得到客户对你以及产品和公司的认可。商务沟通和一般业务类的沟通有很多不同，商务沟通一般是指正式场合中的非正式谈话，这时候我们需要有礼貌，否则会给和你谈话的人造成不好的印象。

在信息化高度发达的今天，熟练掌握并合理运用商务礼仪是每一位管理者必须具备的基本技能。礼仪素养是一个现代职业人必备的素质，企业竞争更多依靠的是企业中人的竞争，一个知礼、懂礼、用礼的人，能够建立和谐的人际关系，营造一个积极向上、和谐共进的团队氛围，从而形成一种核心竞争力。所以，作为一个职场人士，有责任，也有必要加强礼仪与沟通的训练。

本书以浅显易懂、平实幽默的语言风格，通过大量翔实的案例阐述了商务礼仪和沟通的基本理念、商务交往中要遵循的原则以及如何把尊重、礼貌、热情用恰到好处的方式规范地表达出来。使读者在轻松、愉快的氛围下便可学习到非常实用的商务礼仪和沟通技巧。

本书由深圳中经智库文化传播有限公司策划，国家礼仪训练教师、深圳高星级酒店礼仪培训师、首席管家杨雅蓉主编，书中图片由杨雅蓉、江美亮和中国饭店业国家级评委、文化主题饭店国家级注册评审员孙勇兴老师提供，匡仲潇审核。

由于编者水平有限，书中难免出现疏漏与缺憾，敬请读者批评指正。

编 者

# 目录 CONTENTS

**导读　职场沟通从礼仪开始** ……………………………………………… 1

　　一、沟通与礼仪的内涵 / 1

　　二、礼仪与沟通的关系 / 2

　　三、职场中的沟通与礼仪 / 3

## 第1部分　·职场达人基础篇·

**第1章　先入为主，让形象代言** ………………………………………… 6

　　**1.1　仪容，淡妆浓抹要相宜** / 7

　　　　1.1.1　仪容礼仪的内涵 / 7

　　　　1.1.2　头部的修饰 / 8

　　　　　　相关链接　女士发型选择原则 / 9

　　　　1.1.3　面部的修饰 / 10

　　　　　　相关链接　不同脸型的化妆技巧 / 12

　　　　1.1.4　手部的修饰 / 16

　　**1.2　着装，大方得体才是真** / 17

　　　　1.2.1　着装的TPO原则 / 17

　　　　　　相关链接　职场着装六忌 / 17

         1.2.2 男士着装礼仪 /18
              相关链接 男士西装着装注意事项 /24
         1.2.3 女士着装礼仪 /25
              相关链接 职业装的选择要领 /28
         1.2.4 香水的使用礼仪 /28

第 2 章 举手投足,让魅力展现 ································ 30

    2.1 规范站姿展风采 /31
         2.1.1 标准站姿规范 /31
         2.1.2 站立时的脚位 /31
         2.1.3 站立时的手位 /32
         2.1.4 不良的站姿 /33
              相关链接 如何有效的训练站姿 /34

    2.2 优雅坐姿展形象 /35
         2.2.1 标准坐姿 /35
         2.2.2 入座礼仪 /36
         2.2.3 就座礼仪 /36
         2.2.4 离座礼仪 /36

    2.3 端庄走姿展气质 /37
         2.3.1 标准的走姿 /37
         2.3.2 男士的走姿 /37
         2.3.3 女士的走姿 /38
         2.3.4 不同场合的走姿 /39
              相关链接 行走礼仪 /40

    2.4 优雅表情展修养 /41
         2.4.1 眼神 /41
         2.4.2 微笑 /42

第 3 章 谈吐优雅,让礼节有度 ································ 45

    3.1 礼貌用语,体现尊重 /46
         3.1.1 使用敬语 /46

3.1.2 使用谦语 / 46
3.1.3 使用雅语 / 47

## 3.2 吐字清晰，声音动听 / 47

3.2.1 把握说话的语气 / 47
3.2.2 控制说话的节奏 / 48
3.2.3 控制说话的语调 / 49
　　相关链接　声音的四要素 / 51

## 3.3 营造气氛，友好交谈 / 53

3.3.1 交谈的态度 / 53
3.3.2 交谈的语言 / 55
3.3.3 交谈的内容 / 57
3.3.4 交谈的方式 / 58

# 第2部分 ·商务礼仪实战篇·

## 第4章　商务接待礼仪 …… 60

### 4.1 称呼礼仪 / 61

4.1.1 称呼的分类 / 61
4.1.2 不适当的称呼 / 62
　　相关链接　职场中称呼的注意要点 / 62

### 4.2 介绍礼仪 / 63

4.2.1 自我介绍的礼仪 / 63
4.2.2 为他人介绍的礼仪 / 65

### 4.3 握手礼仪 / 67

4.3.1 握手的时机 / 67
4.3.2 握手的顺序 / 68

            4.3.3　握手的姿势 / 69
            4.3.4　握手的禁忌 / 71
    4.4　名片礼仪 / 72
            4.4.1　名片携带 / 72
            4.4.2　递交名片 / 72
            4.4.3　接受名片 / 74
            4.4.4　索要名片 / 75
    4.5　引导礼仪 / 76
            4.5.1　引导礼仪三要素 / 76
            4.5.2　引导具体地点 / 78
            4.5.3　引领注意事项 / 79
    4.6　乘车礼仪 / 80
            4.6.1　坐车礼仪 / 80
            4.6.2　坐车次序 / 80
            4.6.3　上下车的礼仪 / 83
            4.6.4　乘车细节 / 86
    4.7　送客礼仪 / 87
            4.7.1　来宾送别的原则 / 87
            4.7.2　送客的礼节 / 88
            4.7.3　送客的形式 / 88

# 第5章　商务通信礼仪 …………………………………………… 90

    5.1　电话使用礼仪 / 91
            5.1.1　接电话礼仪 / 91
            5.1.2　代接电话礼仪 / 92
            5.1.3　打电话礼仪 / 92
            5.1.4　挂断电话礼仪 / 93
    5.2　手机使用礼仪 / 94
            5.2.1　手机的摆放位置 / 94
            5.2.2　手机的铃声选择 / 94
            5.2.3　手机的使用场合 / 94
            5.2.4　手机的通话礼仪 / 95

5.2.5 使用手机的注意事项 / 96

### 5.3 电子邮件使用礼仪 / 96

5.3.1 发送邮件的礼仪 / 96

5.3.2 回复邮件礼仪 / 100

### 5.4 微信使用礼仪 / 101

5.4.1 使用微信工作群的原则 / 101

5.4.2 使用微信工作群的礼仪 / 102

5.4.3 添加微信的礼仪 / 102

相关链接　职场中使用微信的注意事项 / 103

## 第 6 章　商务往来礼仪 ……………………………………………… 105

### 6.1 商务拜访礼仪 / 106

6.1.1 做好拜访准备 / 106

6.1.2 把握拜访时间 / 107

6.1.3 注意拜访行为 / 107

6.1.4 控制拜访过程 / 108

6.1.5 拜访结束道别 / 109

### 6.2 商务馈赠礼仪 / 109

6.2.1 礼品的选择 / 110

相关链接　商务礼品禁忌 / 111

6.2.2 商务赠礼 / 111

6.2.3 商务受礼 / 112

### 6.3 商务谈判礼仪 / 113

6.3.1 谈判前的礼仪 / 113

6.3.2 谈判中的礼仪 / 115

6.3.3 谈判后的礼仪 / 116

## 第 7 章　商务餐饮礼仪 ……………………………………………… 118

### 7.1 宴请礼仪 / 119

7.1.1 宴请的种类 / 119

7.1.2 宴请的准备 / 120

## 7.2 赴宴礼仪 / 121

7.2.1 认真准备 / 121
7.2.2 按时抵达 / 121
7.2.3 礼貌入座 / 122
7.2.4 注意交谈 / 122
7.2.5 文雅进餐 / 122
7.2.6 学会祝酒 / 122
7.2.7 告辞致谢 / 122

## 7.3 中餐礼仪 / 123

7.3.1 座次礼仪 / 123
7.3.2 点菜礼仪 / 126
　　相关链接　不同商务场合的点菜技巧 / 127
7.3.3 餐具使用礼仪 / 127
7.3.4 就餐礼仪 / 130

## 7.4 西餐礼仪 / 131

7.4.1 餐前礼仪 / 131
7.4.2 入座礼仪 / 131
7.4.3 餐具使用礼仪 / 133
7.4.4 餐巾的使用 / 134
7.4.5 用餐时的礼仪 / 135

## 7.5 自助餐礼仪 / 136

7.5.1 自助餐的特点 / 136
7.5.2 安排自助餐的礼仪 / 137
7.5.3 享用自助餐的礼仪 / 139

## 7.6 茶道礼仪 / 141

7.6.1 上茶礼仪 / 141
7.6.2 饮茶礼仪 / 142

# 第 8 章　商务会议礼仪 ……………… 144

## 8.1 现场会议礼仪 / 145

8.1.1 商务会议活动的基本要素 / 145
8.1.2 会议筹备礼仪 / 146
8.1.3 会议进行中的礼仪 / 149
8.1.4 会议结束后的礼仪 / 149

8.2 视频会议礼仪 / 150

8.2.1 什么是远程会议 / 150
8.2.2 电话会议的礼仪 / 150
8.2.3 视频会议的礼仪 / 151
相关链接 视频会议现场的注意事项 / 152

## 第 9 章　商务仪式礼仪 …………………………………………………… 154

9.1 签约仪式礼仪 / 155

9.1.1 签约仪式的准备工作 / 155
9.1.2 签约的座次安排 / 156
9.1.3 签约仪式的程序 / 156

9.2 开业仪式礼仪 / 157

9.2.1 开业仪式的筹备 / 157
9.2.2 开幕仪式礼仪 / 160
9.2.3 开工仪式礼仪 / 161
9.2.4 奠基仪式礼仪 / 161
9.2.5 破土仪式礼仪 / 162
9.2.6 竣工仪式礼仪 / 163
9.2.7 下水仪式礼仪 / 164
9.2.8 通车仪式礼仪 / 165

9.3 剪彩仪式礼仪 / 166

9.3.1 剪彩的场地安排 / 166
9.3.2 剪彩的工具准备 / 166
9.3.3 剪彩的人员选定 / 167
9.3.4 剪彩的流程 / 168
9.3.5 剪彩的操作 / 169

# 第3部分 ·职场沟通实战篇·

## 第10章 分清沟通的对象 ................................................ 172

### 10.1 横向沟通协调为上 / 173
- 10.1.1 横向沟通的原则 / 173
- 10.1.2 横向沟通的方法 / 174
- 10.1.3 横向沟通的技巧 / 177

### 10.2 上行沟通尊重为主 / 178
- 10.2.1 上行沟通的目的 / 178
- 10.2.2 上行沟通的技巧 / 178
- 10.2.3 上行沟通的礼仪 / 179
  - 相关链接 给上司提建议的注意事项 / 180

### 10.3 下行沟通说服为先 / 180
- 10.3.1 下行沟通的目的 / 180
- 10.3.2 下行沟通的技巧 / 181

## 第11章 把握沟通的环节 ................................................ 185

### 11.1 分析听众打基础 / 186
- 11.1.1 分析听众对象 / 186
- 11.1.2 分析与听众的关系 / 186
- 11.1.3 分析听众的态度 / 188
  - 相关链接 避免听众分析常见误区 / 189

### 11.2 有效倾听建信任 / 191
- 11.2.1 倾听的好处 / 191
- 11.2.2 有效倾听的技巧 / 193

11.2.3 主动地倾听 / 194
11.2.4 正确地发问 / 196

**11.3 清晰表达传信息** / 197

11.3.1 清晰表达的准则 / 197
11.3.2 清晰表达的要点 / 199
11.3.3 避免不良表达 / 200

**11.4 积极反馈促沟通** / 202

11.4.1 反馈的类型 / 202
11.4.2 给予反馈 / 203

## 第12章 掌握沟通的技巧 ............ 205

**12.1 点到为止,说话要把握分寸** / 206

12.1.1 说话要有艺术 / 206
12.1.2 说话要有轻重 / 207
12.1.3 说话要有分寸 / 209

**12.2 巧妙拒绝,化解双方的尴尬** / 209

12.2.1 巧妙拒绝的方法 / 210
12.2.2 巧妙拒绝的礼仪 / 210
12.2.3 巧妙拒绝的窍门 / 211
12.2.4 委婉拒绝的技巧 / 212

**12.3 真诚赞美,不露痕迹赢人心** / 214

12.3.1 赞美的力量 / 214
12.3.2 有效地赞美 / 215
12.3.3 赞美的艺术 / 216
12.3.4 赞美的技巧 / 218

相关链接 怎样赞美别人效果最好 / 218

**12.4 幽默风趣,尽显表达的智慧** / 219

12.4.1 幽默的表达方法 / 219
12.4.2 幽默的表达技巧 / 221
12.4.3 幽默的表达艺术 / 223

# 导读
# 职场沟通从礼仪开始

在当今的市场经济条件下，商务活动越来越频繁，沟通能力与礼仪变得越来越重要。得体的礼仪不但有助于工作的开展，也有利于同事之间的沟通交流。而良好的沟通能力就能使我们更加和谐、高效，从而赢得比别人更多的机会。

## 一、沟通与礼仪的内涵

### 1. 沟通的含义

沟通是人与人之间、人与群体之间思想与感情的传递和反馈的过程，以求达成思想的一致和感情的通畅。这种过程不仅包括口头语言沟通和书面语言沟通，也包括形体语言沟通。如图0-1所示。

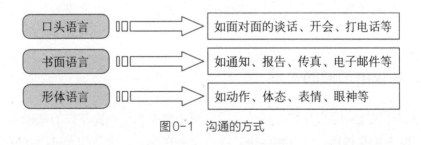

图0-1 沟通的方式

良好的沟通可以让我们的生活更幸福、工作更轻松，沟通是人类生存必须掌握的一课。说话谁都会，但如何把话说得艺术，如何跟他人进行很好的沟通，建立良好的人际关系，就不是每个人都能做好的了。

### 2. 礼仪的含义

礼仪是人类为维系社会正常生活而要求人们共同遵守的起码的道德规范，它是人们在长期共同生活和相互交往中逐渐形成，并且以风俗、习惯和传统等方式固定下来的。

对一个人来说，礼仪是一个人的思想道德水平、文化修养、交际能力的外在表现，对一个社会来说，礼仪是一个国家社会文明程度、道德风尚和生活习惯的反映。礼仪的内涵如图0-2所示。

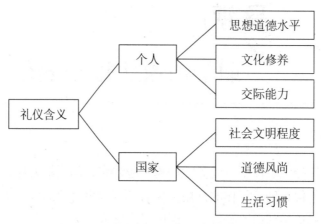

图0-2 礼仪的内涵

礼仪是人们在生活和社会交往中约定俗成的，人们可以根据各式各样的礼仪规范，正确把握与外界的人际交往尺度，合理地处理好人与人的关系。如果没有这些礼仪规范，往往会使人们在交往中感到手足无措，甚至失礼于人，闹出笑话，所以熟悉和掌握礼仪，就可以做到触类旁通，待人接物恰到好处。

礼仪是塑造形象的重要手段。在社会活动中，交谈讲究礼仪，可以变得文明；举止讲究礼仪，可以变得高雅；穿着讲究礼仪，可以变得大方；行为讲究礼仪，可以变得端庄……只有讲究礼仪，事情才会做得恰到好处。总之一个人讲究礼仪，可以变得充满魅力。

## 二、礼仪与沟通的关系

沟通和礼仪是人际交往和生活、学习以及工作中都必须要掌握的基础能力。礼仪和沟通，两者相互依存，又互相促进。礼仪是外在形式，也是与人进行友好交际往来的重要前提和基础。而沟通则是礼仪的补充和延伸，没有良好的沟通能力，即使外在形象和礼仪规范都到位，那么也无法达到理想的交流和沟通效果。因此，无论在生活中还是工作中，沟通和礼仪缺一不可。

> **达人秘诀**
>
> 在日常生活、工作中，礼仪能够调节人际关系，有效的沟通能使人达到预设目的，这有利于建立融洽、友好的合作关系，同时也能避免不必要的矛盾和冲突。

## 三、职场中的沟通与礼仪

### 1. 职场礼仪的重要性

职场礼仪是职业人士在职场中用以维护个人及企业形象对交往对象表示尊敬和友好的规范和惯例,是一般礼仪在商务活动中的运用和体现。

随着市场经济的深入发展,各种商务活动日趋繁多,礼仪也在其中发挥着越来越大的作用。具体如图0-3所示。

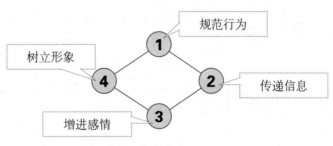

图0-3　商务活动中礼仪的作用

(1)规范行为。礼仪最基本的功能就是规范各种行为。在商务交往中,大家相互影响、相互合作,如果不遵循一定的规范,双方就缺乏协作的基础。而在众多的商务规范中,礼仪规范可以使人明白应该怎样做,不应该怎样做;哪些能做,哪些不能做,有利于确定自我形象,尊重他人,赢得友谊。

(2)传递信息。礼仪是一种信息,通过这种信息可以表达出对他人的尊敬、友善、真诚等感情,使他人感到温暖。在商务活动中,恰当的礼仪可以获得对方的好感与信任,进而有助于工作的开展。

(3)增进感情。在商务活动中,随着交往的深入,双方可能都会产生一定的情绪体验,要么是感情共鸣,要么是情感排斥。遵守礼仪容易使双方互相吸引,增进感情,建立和发展良好的人际关系。反之,如果不讲礼仪,粗俗不堪,那么就容易产生感情排斥,造成人际关系紧张,给对方造成不好的印象。

(4)树立形象。一个人讲究礼仪,就会在众人面前树立良好的个人形象;一个组织的成员讲究礼仪,就会为组织树立良好的形象,赢得公众的赞誉。要知道,现代市场竞争除了产品竞争外,更体现在形象竞争上。一个具有良好信誉和形象的组织,很容易获得社会各界的信任和支持,往往可在激烈的竞争中处于不败之地。所以,商务人员时刻注重礼仪,既是个人和组织良好素质的体现,也是树立和巩固良好形象的需要。

### 2. 职场沟通的重要性

在生活中,缺乏沟通,可能会导致身边朋友稀缺;但在工作上,缺乏良好的沟通和协调能力可能会失去晋升的机会,甚至失去一份不错的工作。一个人的沟通协调能力是很重要的,善于沟通往往能有效地提高工作效率、更快地解决工作上的问题,并且取得较高的成就。

那么作为职场人士,该如何成为沟通达人呢?如果在职场的人际沟通中,你能做到图0-4所示的7个"C",你就可以成为职场沟通达人。

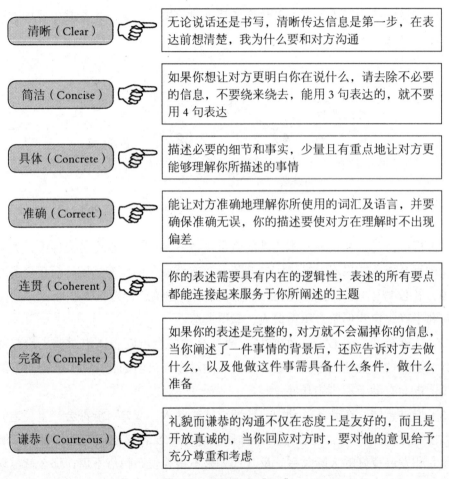

图0-4 职场沟通"7C"

# 第1部分

● 职场达人基础篇 ●

第1章　先入为主，让形象代言

第2章　举手投足，让魅力展现

第3章　谈吐优雅，让礼节有度

# 第 1 章
## 先入为主，让形象代言

**导言**

　　自我形象的塑造是商务礼仪中十分重要的内容，良好的自我形象，是一个人商务交际成功的重要因素。

**思维导图**

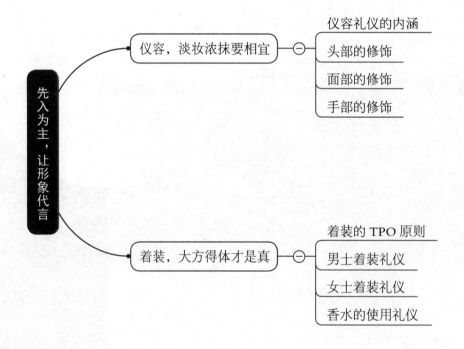

## 1.1 仪容，淡妆浓抹要相宜

仪容，一般指人的容貌。它包括发式、面容、脸色等状态。它反映了一个人的精神面貌、朝气与活力，是传达给接触对象感官的最直接、最生动的第一信息。

### 1.1.1 仪容礼仪的内涵

礼仪对个人仪容的首要要求是仪容美，具体含义如图1-1所示。

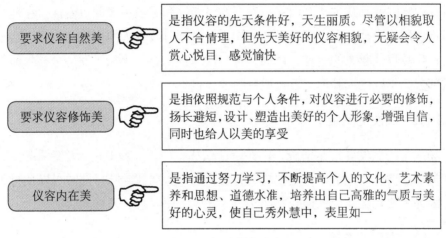

图1-1 仪容美的含义

真正意义上的仪容美，应当是上述三个方面的高度统一。忽略其中任何一个方面，都会使仪容美失于偏颇。在这三者之间，仪容的内在美是最高的境界，仪容的自然美是人们的心愿，而仪容的修饰美则是仪容礼仪关注的重点。

具体来说，仪容美的基本要求如下。

#### 1.1.1.1 讲究个人卫生，树立整齐利落的形象

个人卫生可以反映一个人的基本素质，体现社会的文明程度。个人卫生是良好的个人仪容所必须具备的基本要求。个人卫生主要包括：面容清洁、口腔清洁、头发清洁、手的清洁、身体清洁及胡须清洁等。

在任何场合，职场人士都应该注意个人卫生，做到勤洗头、勤洗澡、勤修指甲、男士要勤修面，切忌身体有异味、皮肤表层或指甲有污垢等。在口腔清洁方面，养成勤刷牙、勤漱口的好习惯，在工作前，不应食用葱、蒜、韭菜等有异味的食物，以免引起他人厌恶；在服饰方面，注意勤洗勤换，塑造整齐利落的形象。

#### 1.1.1.2 注重培养个人修养，塑造仪容内在美

仪容美是人的内在美与外在美的统一。真正的美，应该是个人良好内在素质的自然流露，是人的思想、品德、情操、性格等内在素质的具体体现。正确的人生观和人生理想，高尚的品德和情操，丰富的学识和修养，构成一个人的内在美。内在美反映人的本质，也体现社会美的本质。如果只有外表的华美，而没有内在的涵养作为基础，会使人感到"金玉其外，败絮其中"。

### 1.1.2 头部的修饰

讲究仪容，必须从"头"做起。发型的可塑性和化妆色彩的可变性，在迎合服饰整体风格、服饰整体色彩中起着重要的作用。发型可改变人的形象与气质，修饰脸型的不足；化妆可改善人的气色，修饰五官，提升自信心。化妆、发型是整体形象重要的组成部分，不同的人脸型与五官适合的妆容也不一样。

#### 1.1.2.1 头发的清洁

职场人士的头发要经常清洗，以保持蓬松和干净，一般1～2天要清洗一次。特别是在参加重要活动之前，一定要清洗头发，去除头屑和异味，同时可以使得头发很蓬松，因为蓬松的头发可以提升面部肤色的亮度，使人看起来神采奕奕。

#### 1.1.2.2 发型的选择

男性的发型要求比较简单：轮廓分明，样式保守整洁，修剪得体，两侧鬓角不得长于耳垂底部，头发后面不超过衬衣领底线，前面不遮盖眼部。

女士在职业场合可以留各式长短发，但发型不能过于奇特，如果留的是长发，在正式场合一般需要束起来或者盘于脑后。如图1-2所示。

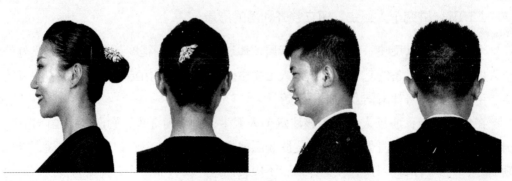

图1-2 发型修饰效果

**相关链接**

**女士发型选择原则**

**1. 发型要与发质相协调**

发质细软的人不宜留过长的直发,可选择中长发或俏丽的短发,还可以把头发烫卷,产生蓬松感。

发质较硬的人不宜选择太短的发型,宜采用不到肩的短发或肩以下的长发型。

**2. 发型要与服饰相协调**

在正式场合,女性身着套装,可将头发挽在颈后,低发髻,显得端庄、干练。

着运动服时,可将头发扎成高高束起的马尾,显得青春、活泼和潇洒。

着晚礼服时,梳个晚装发髻,可显得高雅、华丽。

**3. 发型要与身材相适应**

(1) 小巧身材的发型

身材小巧玲珑的人,在设计发型时应强调丰满与魅力,从整体比例上,应注意提升高度,不宜留长发,也不宜把头发搞得粗犷、蓬松。可利用盘发增加高度,而且要在如何使头发秀气、精致上下功夫。

(2) 高瘦身材的发型

高且瘦是比较理想的身材,但容易让人觉得缺乏丰满感,这种身材的人适合留长发型,不宜盘高发髻,也不宜将头发削剪得太短。

(3) 矮胖身材的发型

在发型的设计上要强调整体发势向上,可选用有层次的短发、前额翻翘式等发型。不宜留长波浪、长直发。

(4) 高大身材的发型

在发型的设计上应减少大而粗的印象。以留简单的短发为好,但对直长发、长波浪、束发、盘发、中短发式也可酌情运用。

**4. 发型要与脸型相适应**

(1) 椭圆脸形的特征与发型设计

椭圆形脸是一种比较理想的脸形:脸形的长宽之比接近美学的黄金比。由于这种脸形具有较好的视觉基础,因此选择发型的范围就较广泛,长短发型都容易与这种脸形协调,产生良好的视觉美感。

(2) 圆脸形的特征与发型设计

圆脸形有娃娃脸的感觉。对于成熟女性,这种脸形缺少明朗的结构及形式上的生动美感，因此，在发式塑造上，应利用发型共同来组成椭圆形：可以塑造成顶部丰隆的发型，以使额头增宽，削弱圆脸的圆弧线的感觉，还可以利用不对称发式以产生跳跃感，削弱圆脸形有时产生的平板感觉。

（3）窄长脸形的特点及发型设计

这种脸形"脸宽不足，脸长有余"，有时会觉得缺乏活泼生动感。可用遮盖法掩饰脸长，例如，以直发童花式和层次短翻翘以及蓬松自然短波浪减弱脸形的纵长感。

（4）长方形脸的特点与发型设计

与椭圆形的脸形相比，长方形脸下颌过宽，也称国字形脸，具有雄性风范的阳刚之气。可用柔和的发型和线条来减弱刚硬感。常见的有长碎波浪式，这种丰满而又飘柔的发型具有浓浓的"女人味"，弯曲的发型使下颌角显得圆滑。

## 1.1.3 面部的修饰

在商务场合与人交流，面部的清洁与修饰非常重要，整洁明朗、容光焕发的面部会给对方留下良好的第一印象，为双方的沟通、交流与合作创造良好的开端。

### 1.1.3.1 面部的清洁与护理

要保持面部的润泽光洁，面部的护理与保养很重要。面部保养需要使用基础护肤品，一般包括洗面奶、柔肤水（爽肤水）和乳液。一天两次即可，若皮肤偏油性，则可增加洗脸次数。

### 1.1.3.2 口腔的清洁与护理

在职业场合，如果与人交谈时口中散发出难闻的气味，会使对方很不愉快，自己也会很难堪。建议职场人士在参加重要活动之前，尽量不要吃刺激性食物，在正规的交际场所也不能当众嚼口香糖。

**达人秘诀**

要尽量少抽烟，少喝浓茶。在社交场合进餐后，切忌当着别人的面剔牙，可以用手掌或餐巾纸掩住嘴角，然后再剔牙。

### 1.1.3.3 男士面部的修饰

随着社会的发展变化，男士也开始重视面容的修饰和保养，以保持健康年轻的形象和良好的精神面貌，增强自信和竞争力。

商务场合男士面部的修饰以干净、自然为基调。一般情况下不要留胡须，如果要留一定要修理成形。坚持每天早上剃须、修面。注意修剪鼻毛，切记让鼻毛露出鼻腔。

#### 1.1.3.4 女士面部的修饰

女性化妆是一种礼仪。尤其是职场女性必须化妆，而且是淡妆，这是社交礼仪最基本的一点。

（1）选择合适的妆容

得体的妆容会为个人形象加分，那么何为得体？首要的一点就是符合你所在的场合及你的角色。具体场景如图1-3所示。

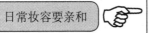
朝九晚五的职场丽人们与同事要共度的时间几乎与家人等同。对于职场妆容的要求是既时尚好看，又不能过于有攻击性，此外，还要保证工作半天后还保持光鲜。所以，妆容要亲和，大方得体，在颜色选择上可以更加温暖多元，且对持久度要求更高

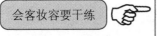
无论是面见客户或是在公司会议，对职业女性的妆容有着更高的要求。在老板和客户面前要突显个人的气质，留给对方一个深刻的印象，是他们对你工作信任的第一步。所以，一个干练的形象必不可少

酒会是非常重要的一种职场社交场合，也是对职业女性仪态的最重要考验。在这里妆容的挑战到了最高点。既不能太过艳丽，又不能有失于酒会的气氛。所以，色彩的灵活运用在这里便可以发挥特长

图1-3 不同场景的化妆要求

（2）打造完美的妆容

化妆可以增添自信，缓解压力，对交往的对象表示礼貌和尊重。职业女性的化妆受到职业环境的制约，应给人一种专业性、责任性、知识性的感觉，以表现其秀丽、典雅、干练、稳重的形象。如图1-4所示。

**达人秘诀**

妆容要适合你所在的环境，比如在办公室中，妆容则不宜太夸张。

图1-4 女士妆容效果

（3）职场化妆的技巧

一个完美的妆容主要在于化妆者的技巧，如果你能掌握图1-5所示的化妆方面的小技巧，就会为整个妆容加分。

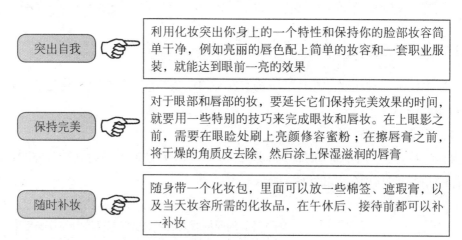

图1-5 职场化妆的技巧

 **相关链接**

### 不同脸型的化妆技巧

不同脸型有不同的化妆方法，职场女性应根据脸型化妆，通过化妆技术将自己的脸型优点突显出来，并有效地掩饰脸部缺点，打造出完美的妆容。

**1. 线条柔美的椭圆形脸**

世界各国均认为"瓜子脸、鹅蛋脸"是更美的脸形。从标准脸形的美学标准来看，面部长度与宽度的比例为1.618：1，这也符合黄金分割比例。标准脸形给人以视觉美感，我国用"三庭""五眼"作为五官与脸形相搭配的美学标准。

（1）三庭

将脸的纵向分成三等份，即上庭、中庭、下庭。上庭指发际线到眉头；中庭指眉头到鼻底；下庭指鼻底到下颚底（下巴）。标准的三庭，三个等份基本是一样的比例。这样的三庭是均匀和美观的。

（2）五眼

以一只眼睛的长度为单位将脸的横向分成五

等份,每等份为一只眼睛的距离,两内眼角之间为一只眼,外眼角到额外测可视边缘延长线之间又为另一只眼的距离。同样的,五眼比例越标准越均匀也就越好看。

现实中完全符合美学标准的脸形比较少见,大多数人的脸形都有这样或者那样的缺陷,在以下其他脸形的修饰中,均以蛋形脸为标准,在保留自身个性美的基础上向其靠拢,起到修饰和矫正作用。

椭圆形脸,也称"鹅蛋脸",脸型唯美、清秀、端正、典雅,可谓公认的理想脸型。其特点是面部呈椭圆形,面部线条柔美,没有明显的棱角转折。化妆时宜注意保持其自然形状,突出其可爱之处,找出脸部最动人、最美丽的部位,而后突出之,以免给人平平淡淡、毫无特点的印象。

#### 2.朝气可爱的圆形脸

圆形脸又称为"娃娃脸",特点是脸短颊圆,面部的肌肉丰满,面部线条转折比较缓慢,没有明显的棱角感,缺乏立体感。给人珠圆玉润,亲切可爱的视觉感受。

修饰方法如下。

(1)脸形修饰:用暗影色在两颊及下颌角等部位晕染,削弱脸的宽度,用高光色在额骨、眉骨、鼻骨、颧骨上缘和下颏等部位提亮,加长脸的长度和增强脸部立体感。

(2)眉的修饰:眉头压低,眉尾略扬,画出眉峰。使眉毛挑起上扬而有棱角,消除脸的圆润感。

(3)眼部修饰:在外眼角处加宽加长眼线,使眼形拉长。

(4)鼻部修饰:拉长鼻形,高光色从额骨延长至鼻尖,必要时可加鼻影,由眉头延长至鼻尖两侧,增强鼻部立体感。

(5)腮红:由颧骨向内斜下方晕染,强调颧弓下陷,增强面部立体感。

(6)唇部修饰:强调唇峰,画出棱角,下唇底部平直,削弱面部圆润感。

#### 3.硬朗正直的方形脸

方形脸的特点是前额与下颌宽呈方形,面部角度转折比较明显。两腮突出,下巴短,发际线平直,整个面部呈方形,脸的宽度与长度相接近,使人看起来正直、刚毅、坚强，缺少柔和感，在化妆时，要设法加以掩蔽，增加柔和感。

修饰方法如下。

（1）脸形修饰：用高光色提亮额中部、颧骨上方、鼻骨及下颏使面部中间部分突出，忽略脸形特征。暗影色用于额角、下颌角两侧，使面部看起来圆润柔和。也可借助刘海和发带遮盖额头棱角。

（2）眉的修饰：修掉眉峰棱角，使眉毛线条柔和圆润，呈拱形，眉尾不宜拉长。

（3）眼部修饰：强调眼线圆滑流畅，拉长眼尾并微微上挑，增强眼部妩媚感。

（4）腮红：颧弓下陷处用暗色腮红，颧骨上用淡色，斜向晕染，过渡处要衔接自然，可使面部有收缩感。

（5）唇部修饰：强调唇形圆润感，可用粉底盖住唇峰，重新勾画。

**4. 优雅成熟的长形脸**

长形脸的特点是三庭过长，两颊消瘦，给人感觉缺少生气，有沉着、冷静、成熟的感觉，在化妆时力求达到的效果应是增加面部的宽度。

修饰方法如下。

（1）脸形修饰：用高光色提亮眉骨、颧骨上方，增强面部立体感。暗影色用于额头发际线下和下巴处，注意衔接自然，这样在视觉上可使脸形缩短一些。

（2）眉的修饰：修掉挑高的眉峰，使眉毛平直，不宜过细，拉长眉尾，这样可拉宽缩短脸形。

（3）眼部修饰：加深眼窝，眼影向外眼角晕染，拉长加宽眼线，使眼部妆面立体，眼睛大而有神，忽略脸部长度。

（4）鼻部修饰：用高光色把鼻梁加宽，面积宽而短，收敛鼻子长度，不宜加鼻影。

（5）腮红：应横向晕染，由鬓角向内横扫在颧骨最高点，用横向面积打破脸形的长度感。

（6）唇部修饰：唇形宜圆润饱满。

**5. 富态稳重的三角形脸**

三角形脸额部窄，也称梨形脸，其特点是前额窄小而颌骨与腮宽大，角度转折比较明显，整体呈上窄下宽的状态。给人感觉富态、柔和平缓。三角形脸化妆时应将下部宽角"削"去，把脸形变为椭圆状。

修饰方法如下。

（1）脸形修饰：可于化妆前除去一些发际边缘的毛发，使额头变宽，用高光色提亮额头眉骨、颧骨上方、太阳穴、鼻梁等处，使脸的上半部明亮、突出、有立体感。用暗影色修饰两腮和下颌骨处，收缩脸下半部的体积感。

（2）眉的修饰：使眉距稍宽，眉不宜挑，眉形宜平缓拉长。

（3）眼部修饰：眼影向外眼角晕染，眼线拉长，略上挑，使眼部妆面突出。

（4）鼻部修饰：鼻根不宜过窄。

（5）腮红：由鬓角向鼻翼方向斜扫。

（6）唇部修饰：口红颜色宜淡雅自然，让视觉忽略脸的下半部。

**6.优美柔和的倒三角形脸**

倒三角形脸俗称"瓜子脸""心形脸"，其特点是前额宽、下颌轮廓较窄，整体看上去上宽下窄，面部线条优美柔和，没有硬朗的转折角度，是一种比较好看的脸形。化妆时，掌握的诀窍恰恰与三角脸相似，需要修饰部分则正好相反。

修饰方法如下。

（1）脸形修饰：用高光色提亮脸颊两侧，使两颊看起来丰满一些，用暗影色晕染额角及颧骨两侧，使脸的上半部收缩一些，注意粉底自然过渡。

（2）眉的修饰：眉形应圆润微挑，不宜有棱角，眉峰在眉毛2/3向外一点。

（3）眼部修饰：眼影晕染重点在内眼角上，眼线不宜拉长。

（4）腮红：宜用淡色腮红横向晕染，增强脸部丰润感。

（5）唇部修饰：唇形宜圆润饱满。

**7.棱角分明的菱形脸**

菱形脸也叫"钻石脸""申字脸"，特点是前额窄小，两腮消瘦，颧骨较高，下巴较尖而且比较长，整体呈上下窄、中间宽的状态，脸部棱角明显。化妆时，应减少颧骨的高度，增加上额和下巴的宽度。

修饰方法如下。

（1）脸形修饰：用阴影色修饰高颧骨和尖下巴，削弱颧骨的高度和下巴的凌厉感，在两额角和下颌两侧提亮，可以使脸形显得圆润一些。

（2）眉的修饰：适合圆润的拱形眉，柔和脸上的多处棱角。

（3）眼部修饰：眼影应向外晕染，拓宽颞窝处宽度，眼线也要适当拉长上挑。

（4）鼻部修饰：加宽鼻梁处高光色，使鼻梁挺阔。

（5）腮红：腮红应自然清淡，不宜突出，可以省略。

（6）唇部修饰：唇形宜圆润一些，不可有棱角，可选略鲜艳唇色，转移对不完美脸形的注意力。

## 1.1.4 手部的修饰

手是仪容的重要部位，交往时的最低要求莫过于一双清洁的手。在职业场合，一双清洁并精心护理的手显示了一个人的良好教养。

### 1.1.4.1 手的清洁与修饰

日常生活中，在接触不洁物品或间隔一段时间后都应清洁手部，重点清洗指甲缝等，洗完后切勿将水珠随意抖到他人身上。

洗手后要及时涂抹护手霜，对指甲周围的死皮要定期修理。

### 1.1.4.2 指甲的修饰

指甲要经常清洗和修剪，指甲缝中不能留有污垢，男士指甲的长度不应超过手指指尖。注意不要在公众场所剪指甲，这是失礼的表现。

生活中常见的甲形有方形、方圆形、椭圆形、圆形几种，可以根据个人的手型和喜好修剪出完美的甲形。

女士涂抹指甲油时，从色系上来说，皮肤偏黑的女性选择暗色系列比较合适，皮肤白皙的女性使用亮色或无色透明指甲油会很漂亮；在商务场合指甲油的颜色不要太过鲜艳。如图1-6所示。

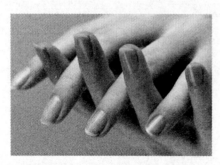

图1-6 女性指甲修饰效果

#### 1.1.4.3 手臂的修饰

对于手臂上汗毛过浓或过长的人来说,在出席较正式的社交场合时,应采用适当的方法进行脱毛。在他人尤其是异性面前,不应露出腋毛,女性要尤其注意。

一个人的穿着打扮就是他教养、品位、地位的最真实写照。
——莎士比亚

## 1.2 着装,大方得体才是真

着装是一种无声的语言,它能显示一个人的个性、身份、涵养和阅历等多种信息。得体的穿着打扮有助于塑造个人形象。

### 1.2.1 着装的TPO原则

TPO是三个英语单词的缩写,它们分别代表时间(Time)、地点(Place)和目的(Object)。TPO原则的含义如图1-7所示。

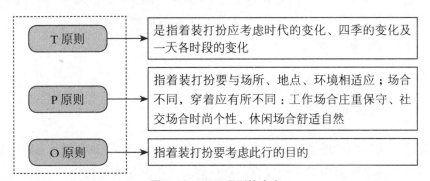

图1-7 TPO原则的含义

TPO原则的三要素是相互联系、相辅相成的。人们总是在一定的时间、地点、为某种目的进行活动,因此着装打扮应合乎礼仪要求。

 **相关链接**

**职场着装六忌**

**1.过于鲜艳**

着装过于鲜艳是指商务人员在正式场合的着装色彩较为繁杂,过分鲜艳,如衣服图案过分烦琐以及标新立异等问题。

**2.过于杂乱**

着装过于杂乱是指不按照正式场合的规范化要求着装。杂乱的着装极易给人留下不良的印象，容易使客户对企业的规范化程度产生疑虑。

**3.过于暴露**

在正式的商务场合身体的某些部位是不适宜暴露的，比如胸部、肩部、大腿。在正式的商务场合通常要求不暴露胸部，不暴露肩部，不暴露大腿。

**4.过于透视**

在某些社交场合穿着透视装往往是允许的，但是在正式的商务交往中着装过分透视就对别人有失尊重，恐有失敬于对方的嫌疑。

**5.过于短小**

在正式场合，商务人员的着装不可以过于短小。比如不可以穿短裤、超短裙，非常重要的场合不允许穿露脐装、短袖衬衫等。特别需要强调的是，男士在正式场合身着短裤是绝对不允许的。

**6.过于紧身**

在某些社交场合身着紧身的服饰是允许的。但是必须强调在工作场合和社交场合是有所区别的，因此在比较正式的场合不可以穿着过分紧身的服装。设想一下，当商务人员在工作场合穿着过于紧身的服装，线条过分突显，又怎能体现自己的庄重呢？

## 1.2.2 男士着装礼仪

西装是一种国际性服装，男士穿起来给人一种彬彬有礼、潇洒大方的深刻印象，所以现在越来越多地被用于正式场合，也是商务人士必备的服饰之一。俗话说"西装七分在做，三分在穿"，而西装的选择和搭配也是很有讲究的。因此，商务男士在穿着西装时，要懂得相关的西装着装礼仪。

### 1.2.2.1 着西装的基本要求

商务交往中、正式社交场合，男士着西装如何体现自身的身份和品位？这就应注意以下"三个三"的要求。

（1）三色原则，即正式场合，着西装套装全身上下不超过三种颜色。

（2）三一定律，即着西装正装时，腰带、皮鞋、公文包应保持同一颜色，而且首选黑色。

（3）三大禁忌：西装左袖的商标没有拆；穿白色袜子、尼龙袜子出现在正式场合；领带的打法出现错误。

西装的着装效果如图1-8所示。

图1-8　西装的着装效果

1.2.2.2　西装的款式

按西装的件数来划分，可分为套装西装与单件西装，其中套装西装又分两件套（上装和下装）与三件套（上装、下装、西装背心）。

按西装的纽扣来划分，可分为单排扣西装（1粒、2粒、3粒）与双排扣西装（2粒、4粒、6粒）。其中单排扣2粒和双排扣4粒最为正规，较多地用于隆重、正式的场合。

按适用场合不同来划分，可分为正装西装与休闲西装。

1.2.2.3　与衬衫的搭配

（1）衬衫的选择

与西装配套的衬衫应为"正装衬衫"。一般来讲，正装衬衫具有图1-9所示的特征。

◆面料：应为高织精纺的纯棉、纯毛面料，或以棉、毛为主要成分的混纺衬衫。条绒布、水洗布、化纤布、真丝、纯麻皆不宜选。

◆颜色：必须为单一色。白色为首选，蓝色、灰色、棕色、黑色亦可；杂色、过于艳丽的颜色（如红、粉、紫、绿、黄、橙等色）有失庄重，不宜选。

◆图案：以无图案为最佳，有较细竖条纹的衬衫有时候在商务交往中也可以选择。

◆领型：以方领为宜，扣领、立领、翼领、异色领不宜选。衬衫的质地有软质和硬质之分，穿西装要配硬质衬衫。尤其是衬衫的领头要硬实挺括，要干净，不能太软或是油迹斑斑。

◆衣袖：正装衬衫应为长袖衬衫。

图1-9　正装衬衫的特征

（2）衬衫的穿法

衬衫与西装搭配时，其穿法也有讲究，具体要求如图1-10所示。

 衬衫的第一粒纽扣，穿西装打领带时一定要系好，否则松松垮垮，给人极不正规的感觉。相反，不打领带时，一定要解开，否则给人感觉好像你忘记了打领带似的。另外，打领带时衬衫袖口的扣子一定要系好，而且绝对不能把袖口挽起来

 衬衫的袖口一般以露出西装袖口以外1.5厘米为宜。这样既美观又干净，但要注意衬衫袖口不要露出太长，那样就是过犹不及了

 衬衫的下摆不可过长，而且下摆要塞到裤子里

图1-10　衬衫与西装的正确穿法

**达人秘诀**

在商务场合中，西装必须和衬衫同时穿着。不穿西装上衣，而直接穿着衬衫，打着领带去参加正式商务活动，是不符合礼仪规范的。不穿西装外套只穿衬衫打领带仅限室内，而且正式场合不允许。

#### 1.2.2.4　与领带的搭配

领带是男士在正式场合的必备服装配件之一，它是男西装的重要装饰品，对西装起着画龙点睛的重要作用。所以，领带通常被称作"男士服饰的灵魂"。

（1）领带的选择

在选择领带时，应注意图1-11所示的要求。

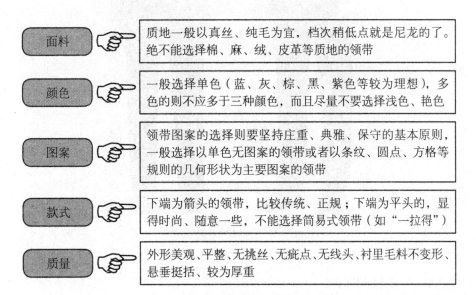

图1-11　领带的选择要求

（2）领带的打法

◆注意场合：打领带意味着郑重其事。

◆注意与之配套的服装：西装套装非打不可，夹克等则不应打领带。

◆注意性别：领带为男性专用饰物，女性一般不用，除非制服和作为装饰用。

◆长度：领带的长度以自然下垂最下端（即大箭头）在皮带扣处为宜，过长过短都不合适。领带系好后，一般是两端自然下垂，宽的一片应略长于窄的一片，绝不能相反，也不能长出太多，如穿西装背心，领带尖不要露出背心。

◆结法：挺括、端正、外观呈倒三角形。如图1-12所示。

图1-12　领带的着装规范

#### 1.2.2.5　与西裤的搭配

（1）因西装讲究线条美，所以西裤必须要有中折线。

（2）西裤长度以前面能盖住脚背，后边能遮住1厘米以上的鞋帮为宜。

（3）不能随意将西裤裤管挽起来。如图1-13所示。

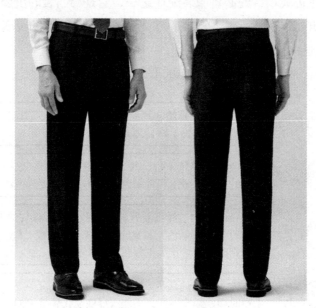

图1-13　西裤的着装规范

#### 1.2.2.6　与皮鞋的搭配

首先，穿整套西装一定要穿皮鞋，不能穿旅游鞋、便鞋、布鞋或凉鞋，否则会显得不伦不类。

其次，在正式场合穿西装，一般穿黑色或咖啡色皮鞋较为正规。但需要注意的是，黑色皮鞋可以配任何颜色的西装套装，而咖啡色皮鞋只能配咖啡色西装套装。白色、米黄色等其他颜色的皮鞋均为休闲皮鞋，一般在游乐、休闲的时候穿着。

#### 1.2.2.7　与袜子的搭配

穿整套西装一定要穿与西裤、皮鞋颜色相同或较深的袜子，一般为黑色、深蓝色或藏青色，绝对不能穿花袜子或白色袜子。在国际上，很多人将穿深色西装白袜子视为是没有教养的男子的典型特征。

另外，男子袜子的质地一般以棉线为宜，长度要高及小腿部位，不然坐下后露出皮肉，非常不雅观。

#### 1.2.2.8　与公文包的搭配

公文包的质地以真皮为宜，可选牛皮或羊皮的；颜色以黑色或棕色为正统的选择，一般包的颜色和皮鞋的颜色应一致；除商标外，商务男士用的公文包外表不要带有任何图案或文字；最标准的公文包是手提式的长方形公文包。

#### 1.2.2.9 西装的扣子

西装的扣子有单排扣与双排扣之分。

（1）单排扣西装

单排扣有1粒、2粒、3粒；双排扣有2粒、4粒和6粒。单排扣的西装穿着时可以敞开，也可以扣上扣子。按礼仪规范来说，西装上衣的扣子在站着的时候应该扣上，坐下时才可以敞开。单排扣西装的扣子并不是每一粒都要系好的：单排扣1粒的扣与不扣都无关紧要，但正式场合应当扣上；2粒的应扣上上面的一粒，底下的一粒为样扣，不用扣。3粒扣子的正式场合只扣上面两粒，场合不算太正式的就可以只扣中间的一粒。如图1-14所示。

图1-14　单排扣西装扣子的扣法

（2）双排扣西装

双排扣的西装要把扣子全系上。双排扣西装最早出现于美国，曾经在意大利、德国、法国等欧洲国家很流行，不过现在已经不多见了。现在穿双排扣西装比较多的应当数日本了。

（3）西装背心的扣子

西装背心有6粒扣与5粒扣之分。6粒扣的最底下的那粒可以不扣，而5粒扣的则要全部都扣上。如图1-15所示。

图1-15　西装背心的着装规范

#### 1.2.2.10 西装的口袋

西装讲求以直线为美。所以，西装上面有很多口袋都是装饰袋，是不能够装东西的。商务男士如果在穿西装时不注意，一个劲地往口袋里装东西，弄得鼓鼓囊囊，那么肯定会破坏西装直线的美感,这样既不美观,又有失礼仪。

(1) 上衣口袋。穿西装尤其强调平整、挺括的外观,即线条轮廓清晰,服帖合身。这就要求上衣口袋只作装饰,不可以用来装任何东西,但必要可装折好花式的手帕。

(2) 西装左胸内侧衣袋,可以装票夹(钱夹)、小本或笔。

(3) 右侧内侧衣袋,可以装名片、香烟、打火机等。

(4) 裤兜也与上衣袋一样,不能装物,以求裤形美观。但裤子后兜可以装手帕、零用钱等。

### 达人秘诀

如要携带一些必备物品,可以装在公文包或手提箱里,这样不但看起来干净利落,也能防止衣服变形。

  相关链接

## 男士西装着装注意事项

**1. 要拆除衣袖上的商标**

在西装上衣左边袖子上的袖口处,通常会缝有一块商标。有时,那里还同时缝有一块纯羊毛标志。在正式穿西装之前,切勿忘记将它们先行拆除。这种做法,等于是对外宣告该套西装已被启用。假如西装穿过许久之后,袖子上的商标依旧停留于原处,好似有意以此招摇一样,难免会见笑于人。

**2. 要熨烫平整**

欲使一套穿在自己身上的西装看上去美观而大方,首先就要使其显得平整而挺括,线条笔直。要做到此点,除了要定期对西装进行干洗外,还要在每次正式穿着之前,对其进行认真的熨烫。千万不要疏于此点,而使之皱巴巴、脏兮兮,美感全失,惨不忍睹。

**3. 要不卷不挽**

穿西装时,一定要悉心呵护其原状。在公共场所里,千万不要当众随心所欲地脱下西装上衣,更不能把它当作披风一样披在肩上。需要特别强调的是,无论如何,都不可以将西装上衣的衣袖挽上去。否则,极易给人以粗俗之感。在一般情况之下,随意卷起西裤的裤管,也是一种不符合礼仪的表现。因此,绝对禁止商务人员如此行事。

**4. 要慎穿毛衫**

商务人士要将一套西装穿得有"型"有"味",那么除了衬衫与背心之外,在西装上衣之内,最好就不要再穿其他任何衣物。在冬季寒冷难忍时,只宜暂做变通,穿上一件薄型"V"领的单色羊毛衫或羊绒衫。这样既不会显得过于花哨,也不会妨碍自己打领带。不要去穿色彩、图案十分繁杂的羊毛衫或羊绒衫,也不要穿扣式的开领羊毛衫或羊绒衫。后者的纽扣不少,与西装上衣同穿,令人眼花缭乱。千万不要一下子同时穿上多件羊毛、羊绒的毛衫、背心,甚至再加上一件手工编织的毛衣。那样一眼望去,其领口之处少不了会层次繁杂,犹如不规则的"梯田"一样难看;而且还会致使西装鼓胀不堪,变形走样。

**5. 要巧配内衣**

西装的标准穿法,是衬衫之内不穿棉纺或毛织的背心、内衣。至于不穿衬衫,而以T恤衫直接与西装配套的穿法,则更是不符合规范的。因特殊原因,而需要在衬衫之内再穿背心、内衣时,有以下三点注意事项。

(1) 数量上以一件为限。要是一下子穿上多件,则必然会使自己显得十分臃肿。

(2) 色彩上宜与衬衫的色彩相仿,至少也不应较衬衫的色彩更深,免得令二者"反差"鲜明。在浅色或透明的衬衫里面穿深色、艳色的背心、内衣,则更易于招人笑话。

(3) 款式上应短于衬衫。穿在衬衫之内的背心或内衣,其领型以"U"领或"V"领为宜,在衬衫之内最好别穿高领的背心或内衣,不然在衬衫的领口之外很可能会露出一截,有碍观瞻。此外,还须留心,别使内衣的袖口暴露在别人的视野之内。

## 1.2.3 女士着装礼仪

女性的服装比男性更具个性特色,合体、合意的服饰可增添女士的自信,商界女士在正式场合的着装以裙装为佳。在所有适合商界女士在正式场合所穿的裙式服装之中,套裙是名列首位的选择,职业套装更能显露女性的高雅气质和独特魅力。如图1-16所示。

### 1.2.3.1 套裙的选择

(1) 面料应平整、润滑、光洁、柔软、挺括,不起皱、不起球、不起毛。

(2) 色彩以冷色调为主,体现出典雅、端庄、稳重。

图1-16 女士职业套装效果

（3）无图案或格子、圆点、条纹；不宜有过多的点缀。

（4）裙型可选择H形、X形、A形、Y形。

（5）在正式的商务场合中，无论什么季节，正式的商务套装都必须是长袖的。套裙的穿着要求如图1-17所示。

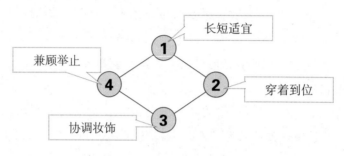

图1-17　套裙的穿着要求

### 1.2.3.2　与衬衫的搭配

（1）与职业套裙搭配的衬衣颜色最好是白色、米色、粉红色等单色。

（2）衬衣的最佳面料是棉、丝绸面料。

（3）衬衫的款式要裁剪简洁，不带花边和皱褶。

（4）衬衫的下摆必须放在裙腰之内，或把衬衣的下摆在腰间打结。

（5）除最上端一粒纽扣按惯例允许不系外，其他纽扣不能随意解开。不可在外人面前脱下上衣，直接穿衬衫面对对方。

> **达人秘诀**
>
> 在穿着职业套裙的时候，一定要确保内衣合身，使身体线条曲线流畅，既穿得合适，又要注意内衣颜色不要外泄。

### 1.2.3.3　与鞋袜的搭配

（1）与套裙配套的鞋子，应该是高跟、半高跟的船式皮鞋。在正式场合，有时也可穿正装凉鞋，即前不露脚趾，后不露脚跟的凉鞋。但不能穿露脚趾脚跟的凉鞋或拖鞋式凉鞋。

（2）鞋子的颜色最好与手袋一致，并且要与衣服的颜色相协调。

（3）长筒袜和连裤袜，是穿套裙的标准搭配。中统袜、低统袜，绝对不能与套裙搭配穿着。袜口不能露在裙摆或裤脚外边。

> **达人秘诀**
>
> 穿长筒袜时,要防止袜口滑下来,也不可以当众整理袜子。正式场合穿职业套裙时,要选择肉色长筒丝袜。丝袜容易划破,如果有破洞、跳丝,要立即更换。

#### 1.2.3.4 饰物佩戴

(1)提包

女士用的提包不一定是皮包,但必须质地好、款式庄重,并与服装相配。

(2)围巾

正式场合使用的围巾要庄重、大方,颜色要兼顾个人爱好、整体风格和流行时尚,最好无图案,亦可选择典雅、庄重的图案。

(3)首饰

泛指耳环、项链、戒指、手镯、手链、胸针等。佩戴时以少为佳、同质同色、风格划一。注意有碍于工作的首饰不戴、炫耀其财力的首饰不戴、过分张扬个性的首饰不戴。

#### 1.2.3.5 服装色彩

不必过于局限在黑白灰之间,可以挑选稍稍鲜明的颜色,增添一抹色彩。不过,千万不要把所有颜色都往身上堆,切忌全身超过三种颜色。

#### 1.2.3.6 注意事项

(1)着装不要过于性感。在办公室、商务活动中,避免穿袒胸露背、露脐露肩、薄透等过于性感的服装。穿纱质的衣服,需有内衬。

(2)裙子长短适度,不能过短或过长。标准职业裙装按长度来分有三种:及膝型、过膝型(不能太长)、超短型(不能高于膝盖15厘米)。

(3)避免三截腿。指穿半截裙子的时候,穿半截袜子,袜子和裙子中间露一段腿肚子,结果导致裙子一截,袜子一节,腿肚子一截。这种穿法容易使腿显得又粗又短,在国外往往会被视为是没有教养的女性的基本特征。

(4)不宜穿着黑色皮裙。与外国人打交道,尤其是出访欧美国家时,不可以穿着黑色皮裙。

(5)裙、鞋、袜不搭配。鞋子应为高跟或半高跟皮鞋,最好是牛皮鞋,大小应相宜。袜子一般为尼龙丝袜或羊毛高筒袜或连裤袜。袜子应当完好无损。颜色以黑色最为正统,与套裙色彩一致的皮鞋亦可选择。颜色宜为单色,有肉色、黑色、浅灰、浅棕等几种常规选择。袜口要没入裙内,不可暴露于外。

（6）光脚。不仅显得不够正式，而且会使自己的某些瑕疵见笑于人。

>  **相关链接**
>
> **职业装的选择要领**
>
> 职场上靠的是能力，需要表现你的稳重、干练和精明。但这并不是说在职场上衣装就不重要了，职业装的选择要领如下。
>
> **1. 应确定自己适合哪一种色彩类型**
>
> 一般来说，中性色是职业装的基本色调，如白（乳白等）、黑、米色、灰色、藏蓝、驼色等。秋冬季可用较深的中性色，春夏季可用较浅的中性色。根据不同场合、不同时间，选择不同色彩与之相配，这样就能迅速判断所选衣服是否符合需要。
>
> **2. 应确定自己的最基本选择**
>
> 据统计，裙装最受职业女性青睐。每位职场女性几乎都有几套直裙配上衣的套装，能应付各种场合的需要，再根据自己的生活习惯，做些调整，这样就会避免漫无目的地选购造成经济损失。
>
> **3. 服装面料颜色应与环境协调**
>
> 女性职业装的质地应尽可能考究，色彩应纯正，不易皱褶。服装应以舒适、方便为主，以适应整日的工作强度。办公室服饰的色彩不宜过于夺目，以免干扰工作环境，影响整体工作效率。应尽量考虑与办公室的色调、气氛相和谐，并与具体的职业分类相吻合。袒露、花哨、反光的服饰是办公室服饰所忌用的，服饰款式的基本特点是端庄、简洁、持重和亲切。
>
> **4. 衬衫应与套装颜色相搭**
>
> 衬衫可以根据套装的颜色来选择。理想的领口是男式衬衫领，一颗纽扣可松开。理想的颜色是白色、米色、栗色、浅蓝色、中蓝色、黑色、浅灰色、铁秀色、可可色、浅褐色等。白衬衫因高雅、清新而成为白领阶层最常用的衬衫。白衬衫的魅力在于其以不变应万变，任何颜色、任何款式均能与之搭配协调。

## 1.2.4 香水的使用礼仪

香水越来越成为一种国际交往中每个人的随身必备品，是否使用香水也成为礼仪素养的一种标志。在恰当的时间，通过恰当的手法，使用恰当的香水是一个人具备高超的礼仪修养的表现之一，也是拉近人与人交往距离的技巧之一。

#### 1.2.4.1 香水的选用

办公室香水的选择标准是"清新淡雅"。在办公室的长期相处中，能保持干净、亲和、充满活力的好状态。在办公室中，最受欢迎的男香香调是木质辛香调，最受欢迎的女香香调是清新的花香、果香调。

#### 1.2.4.2 香水的使用方法

（1）涂抹或喷洒身体部位

将香水涂抹在手腕、颈部、耳后、臂弯等有脉搏跳动的部位，这样香味随着脉搏跳动、肢体转动而飘溢散发；也可将香水喷洒于腰部、髋关节，这是为了让余香更持久；脚踝处也可喷洒香水，这样可使香味飘散更自然。

（2）喷洒衣物

香水还可以喷在衣服上，这时一般多是喷于内衣、外衣内侧，裙下摆以及衣领后面。还可以把香水向空中轻轻喷几下，在头顶形成一片香雾，让香氛轻轻撒落在身上，散发出怡人的气息。

对于一个明智和懂事的人而言，衣着的第一要求，应永远是得体和整洁。

——华盛顿

# 第 2 章
# 举手投足,让魅力展现

## 导言

俗话说:"坐有坐相,站有站相。"每一个人的举止、动作、表情,同样也是个人礼仪很重要的一部分,在社交场合,优雅的仪态可以透露出你的礼仪修养。

## 思维导图

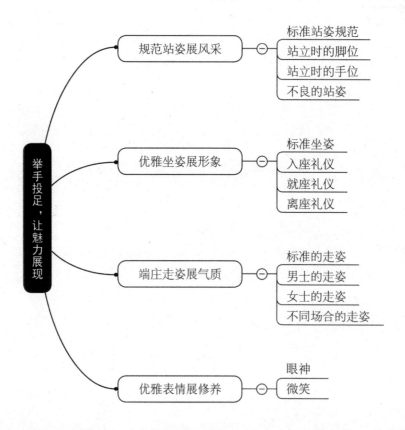

## 2.1 规范站姿展风采

站姿是人的一种本能，是一个人站立的姿势，它是人们平时所采用的一种静态的身体造型，同时又是其他动态的身体造型的基础和起点，最易表现人的姿势特征。在交际中，站立姿势是每个人全部仪态的核心。如果站姿不够标准，其他姿势便根本谈不上什么优美。

### 2.1.1 标准站姿规范

站姿是人静态造型的动作，优美、典雅的站姿是发展人的不同动态美的基础和起点。优美的站姿能显示个人的自信，衬托出美好的气质和风度，并给他人留下美好的印象。古人主张"站如松"，这说明良好的站立姿势应给人一种挺、直、高的感觉。

标准站姿的动作要领如下。

（1）头正、颈直：下颌微收，双目平视前方，面带微笑。
（2）肩平：两肩平整，微微放松，双肩展开向下沉，人体有向上的感觉。
（3）躯挺：挺胸、收腹、立腰、提臀。
（4）腿直：两腿并拢，直立，髋部上提。
（5）站姿的基本要求是"直"。

### 2.1.2 站立时的脚位

#### 2.1.2.1 女士的脚位

（1）V字步式

在标准站姿的基础上，两脚脚跟并拢，脚尖打开一拳的距离（脚尖是45～60度），成小八字步，右手搭于左手之上贴于腹部（小腹前）。

（2）丁字步式

在标准站姿的基础上，一脚脚跟靠于另一脚脚弓内侧，站成左丁字步，左脚尖对侧方者，称"左丁字步"；右脚尖对侧方者，称"右丁字步"。

（3）并部式

两脚脚跟并拢，两手合握于腹前，身体重心放于两脚上。

#### 2.1.2.2 男士的脚位

（1）双腿直立式。双膝相靠，后脚跟并拢，直立。此种脚位适合于短时间站立，迎送宾客等场合。

（2）分腿站立式。两腿分开约一肩宽，双膝直立。

（3）单腿直立式。以单腿轮换为支点，另一腿往侧前方斜放，做军队队列中的"稍息"状，适合于长时间站立时使用。

### 2.1.3　站立时的手位

站立时，双手可以采用下列手位之一。

#### 2.1.3.1　标准式（男女通用）

双臂自然下垂于身体两侧，手指并拢自然弯曲，中指贴拢裤缝，手指自然弯曲，成半握拳状。此时，男士脚位最好采取双腿直立式，也可以呈分腿站立式；女士脚位呈微微丁字步式。如图2-1所示。

图2-1　标准式站姿

#### 2.1.3.2　前腹式

（1）女士

四指并拢，虎口张开，双臂自然放松，将右手搭在左手上，拇指交叉，叠放于腹前，体现女性线条的流畅美。脚位呈V字步式或丁字步式。

（2）男士

男子双手相握，叠放于腹前；或者交叉相握，右手握住左手手腕或左手握住右手手腕。脚位可以是双腿直立式或分腿站立式两种。如图2-2所示。

#### 2.1.3.3 后背式

后背式一般为男士专用。双脚平行不超过肩宽,以20厘米为宜,双手在背后腰际相握,双手在手腕处交叉相握,左手握住右手手腕或右手握住左手手腕。此时,脚位可以采取并拢或分立式两种,分立式可以更显出男性强壮的气势。如图2-3所示。

图2-2 前腹式站姿　　　　　　　图2-3 后背式站姿

#### 2.1.3.4 持物式

(1)女士持文件夹站姿

身体立直,挺胸抬头,下颌微收,提髋立腰,吸腹收臀,手持文件夹,脚呈V字步式。

(2)男士提公文包站姿

身体立直,挺胸抬头,下颌微收,双目平视,两脚分开,一手提公文包,一手置于体侧。如图2-4所示。

### 2.1.4 不良的站姿

(1)站立时,不可双手叉在腰间或抱在胸前(旁观者的姿势)。

(2)不可驼背弓腰、眼睛不断向左右斜、一肩高一肩低、双臂左右摆动、双腿不停抖动。

(3)不能将身体倚靠在墙上或倚靠其他物品作为支撑点。

（4）不宜将手插在裤袋里，更不要下意识地做小动作，显得拘谨，给人缺乏自信和经验的感觉，有失庄重。

图2-4 持物站姿

 **相关链接**

### 如何有效的训练站姿

（1）九点靠墙：后脑、双肩、臀、小腿、脚跟九点紧靠墙面，并由下往上逐步确认姿势要领。

（2）脚跟并拢，脚尖分开不超过45度，两膝并拢。

（3）立腰、收腹，使腹部肌肉有紧绷的感觉；收紧臀肌，使背部肌肉也同时紧压脊椎骨，感觉整个身体在向上延伸。

（4）挺胸，双肩放松、打开，双臂自然下垂于身体两侧。

（5）使脖子也有向上延伸的感觉，双眼平视前方，脸部肌肉自然放松。

在站姿的训练中，如果双膝无法并拢，可以继续努力收紧臀肌，不断地训练会使双腿间的缝隙逐步减小，最终拥有笔直的双腿，达到满意的效果。

很多人认为成年人的姿态是很难改变的，其实不然。骨骼是在肌肉的带动下运动着的，进行正确、适当的训练，改变完全可以看得见。

*友善的言行、得体的举止、优雅的风度,这些都是走进他人心灵的通行证。*

——斯迈尔斯

## 2.2 优雅坐姿展形象

坐姿是一种可以维持较长时间的工作劳动姿势,也是一种主要的休息姿势,更是人们在社交、娱乐中的主要身体姿势。良好的坐姿不仅有利于健康,而且能塑造沉着、稳重、文雅、端庄的个人形象。

### 2.2.1 标准坐姿

坐姿,是影响形体美的一大要素。优雅的坐姿不仅能展现人们的形体美,更能展现人们的优雅气质。如图2-5所示为女性标准坐姿。

图2-5 女性标准坐姿

标准坐姿要领如下。

(1)精神饱满,表情自然,目光平视前方或注视交谈对象。

(2)身体端正舒展,重心垂直向下或稍向前倾,腰背挺直,臀部占座椅面的2/3。

(3)双膝并拢或微微分开,双脚并齐。

（4）两手可自然放于腿上或椅子的扶手上。

除基本坐姿以外，由于双腿位置的改变，也可形成多种优美的坐姿，如双腿平行斜放，两脚前后相掖，或两脚呈小八字形等，都能给人舒适优雅的感觉。如要架腿，最好隐于他人身后交叠双腿，女子一般不架腿。

> **达人秘诀**
>
> 无论哪种坐姿，都必须保证腰背挺直，女性还要特别注意使双膝并拢。

### 2.2.2 入座礼仪

入座时要轻缓，上身正直，人体重心垂直向下，腰部挺起，脊柱向上伸直，胸部向前挺，双肩放松平放，躯干与颈、髋、腿、脚正对前方。凳高适中时，两腿相靠，两膝的距离，男性松开一拳为宜，女性不松开为好；凳高时，一腿略搁于一脚上，脚尖向下。

入座的时候最好从座椅的左侧进去，这样做是"以右为尊"的一种具体体现，而且也容易就座。应在离椅前半步远的位置立定，右脚轻向后撤半步，用小腿靠椅，以确定位置。女性着裙装入座时，应用双手将后片向前拢一下，以显得娴雅端庄。坐下时，身体重心徐徐垂直落下，臀部接触椅面要轻，避免发出声响。坐下之后，双脚并齐，双腿并拢。

> **达人秘诀**
>
> 坐的时候动作要轻，别坐得吱呀乱响，引得周围的人向你行"注目礼"。

### 2.2.3 就座礼仪

就座后，坐姿应端正，但不僵硬，上身轻靠椅背。不要用手托腮或双臂肘放在桌上。不要随意摆弄餐具和餐巾，要避免一些不合礼仪的举止体态，比如随意脱下上衣，摘掉领带，卷起衣袖；说话时比比画画，频频离席，或挪动座椅；头枕椅背打哈欠，伸懒腰，揉眼睛，搔头发等。

### 2.2.4 离座礼仪

离开座椅时，身边如果有人在座，应该用语言或动作向对方先示意，然后再站起身来。如与客人同时离座，不要先于客人起身离座。离座的动作要轻缓，不要"拖泥带水"，弄响座椅，或将椅垫、椅罩弄到地上。

*从仪态了解人的内心世界、把握人的本来面目，往往具有相当的准确性和可靠性。*

*——达·芬奇*

## 2.3 端庄走姿展气质

走姿是站姿的延续动作，是在站姿的基础上展示人的动态美。无论是在日常生活中还是在社交场合，正确的走姿是一种动态的美，往往是最引人注目的身体语言，也最能表现一个人的风度和活力。

### 2.3.1 标准的走姿

常言道"行如风"，是说人行走时，如风行水上，有一种轻快自然的美。行走迈步时，应脚尖向着正前方，脚跟先落地，脚掌紧跟落地。要收腹挺胸，两臂自然摆动，节奏快慢适当，给人一种矫健轻快、从容不迫的动态美。尤其是女性，有着健康而优美的曲线，迷人的体态和风姿，步态轻盈，袅袅婷婷，更是人们欣赏的焦点。

标准走姿的要领如下。

（1）上体正直，眼平视，挺胸、收腹、立腰，重心稍向前倾。

（2）双肩平稳，双臂以肩关节为轴前后自然摆动，摆动幅度以30～40厘米为宜；两臂以身体为中心，前后自然摆。前摆约35度，后摆约15度，手掌朝向体内。

（3）脚尖略开，脚跟先接触地面，依靠后腿将身体重心送到前脚脚掌，使身体前移。

（4）步位，即脚落在地面时的位置，应是两脚内侧行走的线迹为一条直线，而不是两条平行线。

（5）步幅，即跨步时两脚间的距离，一般应为前脚跟与后脚的脚尖相距为一脚或一脚半长，但因性别和身高不同会有一定差异。着不同服装，步幅也不同。

### 2.3.2 男士的走姿

走路，可以看出一个人的大概性格，而走姿礼仪更能体现一个人的修养。但是男士和女士的走姿礼仪也是有区别的。男士走姿示意如图2-6所示。

图2-6 男士走姿

一般来说，男士的走姿要求如下。

（1）走路时要将双腿并拢，身体挺直，双手自然放下，下巴微向内收，眼睛平视，双手自然垂于身体两侧，随脚步微微前后摆动。双脚尽量走在同一条直线上，脚尖应对正前方，切莫呈内八字或外八字，步伐大小以自己足部长度为准，速度不快不慢，尽量不要低头看地面。

（2）走路时，腰部应稍用力，收小腹，臀部收紧，背脊要挺直，抬头挺胸，切勿垂头丧气。气要平，脚步要从容和缓，要尽量避免短而急的步伐，鞋跟不要发出太大声响。

（3）上下楼梯时，应将整只脚踏在楼梯上，如果阶梯窄小，则应侧身而行。上下楼梯时，身体要挺直，目视前方，不要低头看楼梯，以免与人相撞。此外弯腰驼背或肩膀高低不一的姿势都是不可取的。

（4）走路时如果遇到熟人，点头微笑招呼即可，若要停下步伐交谈，注意不要影响他人的行进。如果有熟人在你背后打招呼，千万不要紧急转身，以免紧随身后的人应变不及。

## 2.3.3 女士的走姿

女士走姿文雅、端庄，不仅给人以沉着、稳重、冷静的感觉，而且也是展示自己气质与修养的重要形式。如图2-7所示。

对于女士来说，走姿要求如下。

（1）上半身不要过于晃动，自然而又均匀地向前迈进，这样的走路姿态，不疾不缓，给人如沐春风的感觉，可谓仪态万千。

图2-7 女士走姿

（2）女士走路时手部应在身体两侧自然摇摆，幅度不宜过大。如果手上持有物品，如手提包等，应将大包挎在手臂上，小包拎在手上，背包则背在肩膀上。走路时身体不可左右晃动，以免妨碍他人行动。雨天拿雨伞时，应将雨伞挂钩朝内挂在手臂上。

（3）女性在走路时，不宜左顾右盼，经过玻璃窗或镜子前，不可停下梳头或补妆，还要注意不要三五成群，左推右挤，一路谈笑，这样不但有碍于他人行路的顺畅，看起来也不雅观。在行进过程中，如果有物品遗落地上，不要马上弯腰拾起。正确的姿势是，首先绕到遗落物品的旁边，蹲下身体，然后单手将物品捡起来，这样可以避免正面领口暴露或裙摆打开等不雅观的情况出现。

（4）一些女性由于穿高跟鞋，走路时鞋底经常发出踢踏声，这种声音在任何场合都是不文雅的，容易干扰他人，特别是在正式场合，以及人较多的地方，尤其注意不要在走路时发出太大的声响。

## 2.3.4 不同场合的走姿

不同的场合，走姿也有不同的要求。

### 2.3.4.1 穿西装走姿

西服属于典型的正装，是以直线条为主的，因此在穿着西装行走时，要保持身姿挺拔，后背平整。行走时，膝盖要挺直，步幅要略大些，手臂放松，前后自然摆动。

### 2.3.4.2 穿短裙走姿

女士在穿着西式短裙时，步幅不应过大，一般不应超过着装者的一个脚长。尽量走成一条直线,显示出着装者的端正。穿着有下摆的短裙时,步幅可略大些,要表现出女性轻盈敏捷的特有风格。

### 2.3.4.3 穿旗袍走姿

无论是站立还是行走,都要求旗袍穿着者身姿挺拔,下颌微收,双目平视,面带微笑,不要塌腰、翘臀。

穿着旗袍应配穿高跟鞋,行走时,大腿带动小腿,脚掌先着地,步幅不宜过大,一般不超过24厘米,以免因旗袍开衩过大而显得不雅观。同时,两脚内侧应保持在一条直线上。

 **相关链接**

#### 行走礼仪

如果是两个人一起行走,行走的规则是以右为尊,以前为尊。比方说和客户或上司一同行走的时候,就应该站在他们的左侧,以示尊重。如果是一位男士和一位女士同行,那么就应该遵照男左女右的原则。

如果三人同行,都是男性或都是女性,那么以中间的位置为尊,右边次之,然后是左边。

如果是一位男士和两位女士同行,那么男士应该在最左边的位置;如果是一位女士和两位男士同行,则女士在中间。很多人一起行走时,以前为尊,按照此原则向后排序。

如果在室外行走,应该请受尊重的人走在马路的里侧。如果道路比较拥挤狭窄,应该注意观察周围情形,照顾好同行的人。同时要保持良好的仪态,不能因为在户外就左顾右盼、四处张望或是推推搡搡、拉拉扯扯,不论多么熟悉的同事和客户,在大庭广众之下也应该保持职业人士的端庄仪态。如果人群拥挤不小心碰到他人、踩到他人或绊倒其他人的时候,要及时道歉,同时给予必要的帮助。如果别人无意识地碰到自己或妨碍到自己,应小心提醒并予以体谅。

在道路上行走,不能三人以上并排,这样会妨碍其他的行人和车辆通行,同时也是不安全的做法。到达电梯口、车门口或房门口时,男性也应该快走两步为女士服务;在不太平坦的道路或是山下比较高的台阶时,男性也应该适当帮助女士。"女士优先"是国际通行的礼仪规则,同时也是绅士行为的体现。

当一个人行走时,要靠右侧行走,将左侧留给急行的人,乘坐滚梯时也是这样。

名言警句

> 一个人的行为举止、风度仪表是展现一个人外在魅力的主要方式之一。高雅的行为举止使人风度翩翩。
>
> ——斯迈尔斯

## 2.4 优雅表情展修养

表情是人体语言中最为丰富的部分，是内心情绪的反映。人们通过喜、怒、哀、乐等表情来表达内心的感情。在人际沟通方面，表情起着重要的作用。优雅的表情，可以给人留下深刻的第一印象。表情是优雅风度的重要组成部分，构成表情的主要因素：一是目光；二是笑容。

### 2.4.1 眼神

眼神是面部表情的核心。在人际交往时，眼神是一种真实的、含蓄的语言。"眼睛是心灵之窗"，从一个人的目光中，可以看到他的整个内心世界。一个良好的交际形象，目光应是坦然、亲切、友善、有神的。在与人交谈时，目光应当注视着对方，才能表现出诚恳与尊重。与人交往时，冷漠的、呆滞的、疲倦的、轻视的、左顾右盼的眼光都是不礼貌的。切不可盯人太久或反复上下打量，更不可以对人挤眉弄眼或用白眼、斜眼看人。

#### 2.4.1.1 注视的部位

与人交谈时，目光应该注视着对方。注视范围应上至对方额头，下至衬衣的第二粒纽扣以上，左右以两肩为准的方框中。一般有图2-8所示的三种方式。

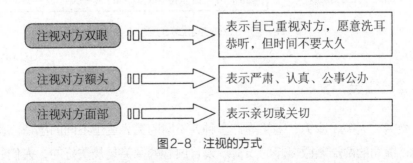

图2-8 注视的方式

**达人秘诀**

随意打量对方任意部位，一般表示轻视或怀疑对方。当对方沉默不语时，最好移开你的目光，以免对方紧张尴尬。

#### 2.4.1.2 注视的角度

注视别人时，目光的角度可表示与交往对象的亲疏远近。

（1）平视或正视，常用在普通场合与身份、地位平等的人进行交往时。

（2）侧视，即位于交往对象的一侧，面向并平视着对方，关键在于面向对方，若为斜视对方，即为失礼之举。

（3）仰视，主动居于低处，抬眼向上注视对方，以表示尊重、敬畏对方。

（4）俯视，向下注视他人，可表示对晚辈宽容、怜爱，也可表示对他人轻慢、歧视。

#### 2.4.1.3 注视的时间

在交谈中，听的一方通常应多注视说的一方，目光与对方接触的时间一般占全部时间的三分之一。

一般来说，注视时间的不同，其代表的意义也不同，具体如图2-9所示。

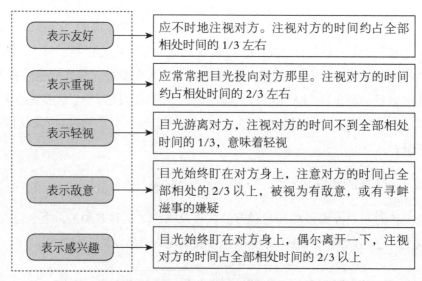

图2-9 注视时间代表的意义

### 2.4.2 微笑

笑有微笑、大笑、冷笑、嘲笑等许多种，不同的笑表达了不同的感情。微笑是指不露牙齿，嘴角的两端略微提起的表情。发自内心的微笑是最美好的，人们的交往应是从微笑开始的。微笑是对人的尊重、理解和友善。与人交往时面带微笑，可以使人感到亲切、热情和尊重，使自己富于魅力，同时也就容易得到别人的理解、尊重和友谊。微笑的力量是相当巨大的，有人把微笑比作全世界通用的"货币"，因为它易被世界上所有的人类所接受。

#### 2.4.2.1 微笑的礼仪

微笑的美在于文雅、适度，亲切自然，符合礼仪规范。微笑要诚恳和发自内心，做到"诚于中而形于外"，切不可故作笑颜，假意奉承。

一般来说，微笑礼仪应做到"微笑三结合"，具体如图2-10所示。

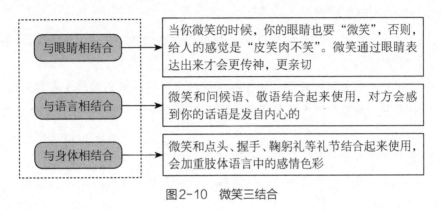

图2-10 微笑三结合

#### 2.4.2.2 微笑的技巧

在职场人际关系与心理沟通中，有一项最简单但却很有效的沟通技巧那就是微笑。微笑是一种极具感染力的交际语言，不但能很快缩短你和他人的距离，并且还能传情达意。当然，微笑看似简单，但也需要讲究一定的技巧，具体如图2-11所示。

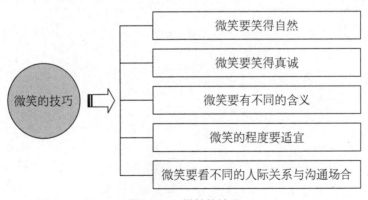

图2-11 微笑的技巧

（1）微笑要笑得自然

微笑是美好心灵的外观，微笑需要发自内心才能笑得自然，笑得亲切，笑得美好、得体。切记不能为笑而笑，没笑装笑。

（2）微笑要笑得真诚

人对笑容的辨别力非常强，一个笑容代表什么意思，是否真诚，人的直觉都能敏锐判断出来。所以，当你微笑时，一定要真诚。真诚的微笑让对方内心产生温暖，引起对方的共鸣，使之陶醉在欢乐之中，加深双方的友情。

（3）微笑要有不同的含义

对不同的交往沟通对象，应使用不同含义的微笑，传达不同的感情。

比如，尊重、真诚的微笑应该是给长者的，关切的微笑应该是给孩子的，暧昧的微笑应该是给自己心爱的人等。

（4）微笑的程度要适宜

微笑是向对方表示一种礼节和尊重，我们倡导多微笑，但不是说要你时刻微笑。微笑要恰到好处。

比如，当对方看向你的时候，你可以直视对方微笑点头。对方发表意见时，一边听一边不时微笑。如果不注意微笑程度，笑得放肆、过分、没有节制，就会有失身份，引起对方的反感。

（5）微笑要看不同的人际关系与沟通场合

微笑使人觉得自己受到欢迎、心情舒畅，但对人微笑也要看场合，否则就会适得其反。

比如，当你出席一个庄严的集会，或是去参加一个追悼会，或是讨论重大的政治问题时，微笑是很不合时宜，甚至招人厌恶。因此，在微笑时，你一定要分清场合。

无声的表情具有的交际效果是有声言语的五倍。

——《奥妙的人体语言》汪福祥

# 第 3 章

# 谈吐优雅，让礼节有度

---

**导言**

　　谈吐，是有声的语言；举止，是无声的语言。前者有声，后者有形，声形兼备，能共同表现出一个人的内在素质、外表气度和交际水平与风格。因此，在社交和商务活动中，不仅要注意仪表，更要注重谈吐举止。

**思维导图**

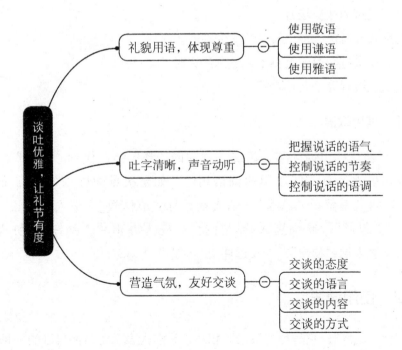

## 3.1 礼貌用语，体现尊重

礼貌、礼仪是人们在频繁的交往中彼此表示尊重与友好的行为规范。而礼貌用语则是尊重他人的具体表现，是友好关系的敲门砖。所以我们在日常生活中，尤其在商务交际场合中，恰当使用礼貌用语十分重要。

### 3.1.1 使用敬语

敬语，指对听话人表示尊敬的语言手段。在不同的语言环境下，使用敬语，会体现出不同的礼仪，也代表着对话者的含义也会不同。除了礼貌上的必需之外，能多使用敬语，还可体现一个人的文化修养。

"您""请""劳驾"等词汇是汉语中常用的敬语。使用敬语，是尊人与尊己相统一的重要手段。人际感情能否沟通，关键取决于交际者的谈吐，取决于交际者用什么方式、什么感情交谈。敬语是构成文雅谈吐的重要组成部分，是展示谈话人风度与魅力必不可少的基本要素之一。

#### 3.1.1.1 敬语的运用场合

（1）比较正规的社交场合。
（2）与师长或身份、地位较高的人交谈时。
（3）与人初次打交道或会见不太熟悉的人时。
（4）会议、谈判等公务场合等。

#### 3.1.1.2 常用敬语

我们日常使用的"请"字，第二人称中的"您"字，代词"阁下""尊夫人""贵方"等。另外还有一些常用的词语用法，如初次见面称"久仰"，很久不见称"久违"，向人祝贺说"恭喜"，请人批评称"请指教"，请人帮忙说"劳驾"，请人原谅称"包涵"，麻烦别人称"打扰"，托人办事称"拜托"，赞人见解称"高见"，等候客人说"恭候"，未及远迎说"失迎"等。

### 3.1.2 使用谦语

谦语亦称"谦辞"，它是与"敬语"相对，是向人表示谦恭和自谦的一种词语。

使用正确的谦语，能使对方与自己的距离缩短，为彼此的谈话奠定友好的基础和创造融洽的气氛。在与人相处时，如果不能使用正确恰当的谦语，就会对自己造成不利的影响，引起别人的猜忌、困惑或反感，甚至使别人误会了自己的好意，从而给人留下不佳的印象，因此一定要谨慎地使用谦语。

谦语最常见的用法是在别人面前谦称自己和自己的亲属。如谦称自己用"在下、鄙人、晚生"等。谦称家人可以用"家父、家母、家兄、舍妹、小儿、小侄、小婿"等。

### 3.1.3 使用雅语

雅语是指一些比较文雅的词语。雅语常常在一些正规的场合以及一些有长辈和女性在场的情况下，被用来替代那些比较随意，甚至粗俗的话语。多使用雅语，能体现出一个人的文化素养以及尊重他人的个人素质。

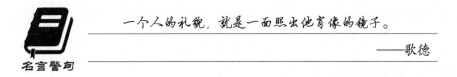

一个人的礼貌，就是一面照出他肖像的镜子。

——歌德

## 3.2 吐字清晰，声音动听

人的声音是个性的表达，声音来自人体内在，是一种内在的剖白，因此，你的声音中可能会透露出喜悦、果断和热情，也可以透露出畏惧、犹豫和缺乏自信。谈吐礼仪要求人们在讲话时要用有魅力的声音，给人以美的享受。

### 3.2.1 把握说话的语气

事情有轻、重、缓、急，语气有抑、扬、顿、挫。只有把握了说话语气的分寸，才能使说出的话被对方充分理解和接受，才能收到说话的预期效果。

当然，说话语气的运用要分对象，分场合，分时间。不同的情况，要运用不同的语气，这其中的分寸，就需要说话者灵活掌握了。具体可以从图3-1所示的三个方面入手。

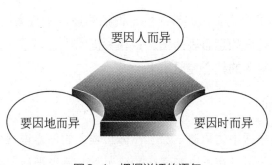

图3-1 把握说话的语气

#### 3.2.1.1 要因人而异

驾驭语气最重要的一条是语气因人而异。语气能够影响听者的情绪和精神状态。语气适应于听者,才能同向引发,用喜悦的语气就会引发对方的喜悦之情,用愤怒的语气就会引发对方的愤怒之意;语气不适应于听者,则会异向引发,如生硬的语气会引发出对方的不悦之感,埋怨的语气会引发出对方的满腹牢骚等。

#### 3.2.1.2 要因地而异

把握语气要注意说话的场合,这是十分必要的。一般来说,场面越大,越要注意适当提高声音,放慢语流速度,把握语势上扬的幅度,以突出重点。相反,场面越小,越要注意适当降低声音,适当紧凑词语密度,并把握语势的下降趋向,追求自然。

#### 3.2.1.3 要因时而异

同样的一句话,在不同时候说,效果往往会大相径庭。抓住时机,恰到好处,运用适当的语气才能够产生正确的效果。

语气傲慢者使人反感,语气谦卑者使人喜欢。同样的话,用不同的语气说出来,就会起到不一样的效果,所以,在说话的时候,就要注意自己的语气,不要给人一种傲慢的感觉。

### 3.2.2 控制说话的节奏

说话要有节奏,该快的时候快,该慢的时候慢,该起的时候起,这样有起伏有快慢,有轻重,才形成了口语的节奏和乐感,否则话语就不感人,不动人。口语中有规律性的变化,叫节奏。有了这个变化语言才生动,否则显得呆板。只有真正合宜的说话节奏,才会让听者舒服,且能轻松地明白你要表达的意思。

作为商务人士,你可以从这几个方面来注意说话的节奏。

#### 3.2.2.1 回答提问时

回答提问时,为了提高答语的针对性,说话的速度不宜太快,抓住问题的要领,用尽可能简洁的语言把你的意思表达出来;在关键的中心句子上,还应进一步放慢节奏,加重语气,把你答语的核心突显出来。

#### 3.2.2.2 做介绍时

做介绍时,适宜用适中的语速。除了在你想强调的地方说得慢一点,为了增大介绍的信息量,其他部分可以在不影响表达的情况下,适当把话说得紧凑些。

#### 3.2.2.3 表达意见时

表达意见时，要看具体的情况。如果你想表达反对的意见，宣泄心中的不满，慢语速可以加重你流露的感情，而快语速则可以突出你不满的程度。如果你要表达赞成的意见，抒发心中的愉快，轻快的语速就再合适不过了。

#### 3.2.2.4 与人闲聊时

与人闲聊时，说话的节奏最自由。你不需要过分留意自己的语速，否则会显得很不自在。只要控制好闲聊的时间，说快说慢就以便于配合你的情感为准则。

#### 3.2.2.5 遇到紧急情况时

遇到紧急情况时，任何人都知道这时不能慢悠悠地说话。因此，你首先要做的不是考虑说话的节奏，而是给自己一个瞬间，镇静一下情绪，把你要说的内容尽量简明、清楚地说出来。不必担心你会说得慢，而要注意别说得过快。

总之，说话的目的是为了信息的交流，节奏的处理是灵活的，只要你觉得什么样的说话节奏能把你的意思表达清楚，你就选择哪一种节奏。

> **达人秘诀**
>
> 节奏主要体现为快慢和停顿。说话没有节奏变化就会像催眠曲一样使人昏昏欲睡，反之，如果能够掌握好说话的节奏，就会使人愿意听，喜欢听。

### 3.2.3 控制说话的语调

语调，就是说话的腔调。从严格定义上说，语调应表述为：整句话和整句话中某个语言片段在语音上的抑扬顿挫，包括全句或句中某一片段的声音的高低变化，说话的快慢（即音的长短和停顿）以及轻重等。

在口语交际中，语调往往比语义能传递更多的信息，能对听众的心理产生极其微妙的特殊作用，因此也更为重要。

在波兰有位明星，人们都称她为摩契斯卡夫人。一次她到美国演出时，有位观众请求她用波兰语讲台词。于是她站起来，开始用流畅的波兰语念出台词。观众们虽然不了解她台词中的意义，却觉得听起来令人非常愉快。

摩契斯卡夫人接着往下念，语调渐渐转为低沉，最后在慷慨激昂、悲戚万分时戛然而止。台下的观众鸦雀无声，同她一起沉浸在悲伤之中。而这时，台下传来一个男人的笑声，他就是摩契斯卡夫人的丈夫——波兰的摩契斯卡伯爵，因为他的夫人刚刚用波兰语背诵的是九九乘法表。

从这个故事中我们可以看到，语调竟然有如此不可思议的能力。即使不明白其意义，也可以使人感动，甚至可以完全控制对方的情绪。

与人交谈时，音阶的变化会加强你的说服力，并且能够感染听者，从而产生说服力。如果你在说话时，只是抓住了字词的表面意义，那么你就只是用"借来的字词"在传达而已，你并不是个很高明的说话者。你应该把这些字词的意义充分地表达出来，并且加上你对它们的爱，你的表达才是完整的，你的感情才能充分地表露出来。那么，怎样才能使语调生动有趣，感染听者呢？其方法如图3-2所示。

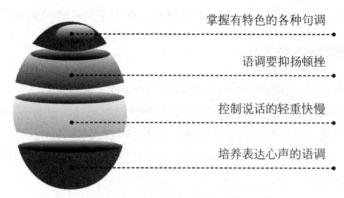

图3-2 使语调生动的方法

### 3.2.3.1 掌握有特色的各种句调

声音的高低变化叫作句调，句调是语调中主要的内容。句调可分升调、降调、曲调、平调四种。升、降、曲、平四调，各具特色，如图3-3所示。只有掌握了句调的特点，才能灵活地表达出各种句调。

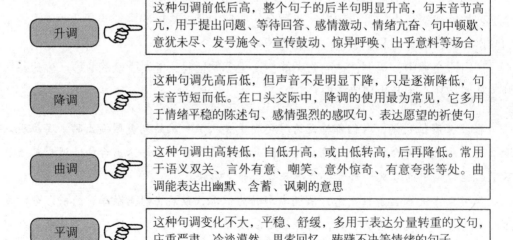

图3-3 句调的特点

#### 3.2.3.2 语调要抑扬顿挫

说出的话中含有语调才能显得抑扬顿挫。抑扬顿挫构成了语音自然和谐的音乐美，能细致地表达思想感情和语气，使语言更富有吸引力。

一般来说，语调越多样化，越生动活泼，其吸引力就越大。分寸感是语调正确的首要条件。每句话都可以用不同的语调来说，但不同的语调给对方的信息刺激也是不同的。同样一句话，由于语调不同，就可能给人不同的理解，即使是文明用语也可能揭示不尊敬对方的信息；相反，有些不礼貌的语言用亲切的语调，却给人揭示了一种亲密无间的信息，关键在于语调分寸感的使用，能否恰当地运用不同的语调，是衡量一个人口头表达能力的重要标志。

#### 3.2.3.3 控制说话的轻重快慢

人们说话都有轻重快慢之分。一般来说，重要的词语或需要强调的内容应说得重些，句子中的辅助成分或平淡的内容则应说得轻些。说话轻重适宜，能使语意分明，声音色彩丰富，语气生动活泼，语言信息中心突出，从而引起听者的注意，引导听者的思路，易于被人理解和接受。说话的轻与重，是相对而言的。太轻，容易使听者缺乏兴趣；太重，则容易给听者突兀的感觉。

应根据说话的内容。该轻则轻，该重则重，使人感到音节错落有致，舒服畅快。

语速应根据交际场合和个人表情达意的需要而选择。运用恰当的语速说话，是控制语调的主要技巧。在需要快说时，语速流畅，不急促。使人听得明白；在需要慢说时，不能拖沓，要声声入耳。语速徐疾，快慢有节，才能使言语富有节奏感，并且增强语言的感染力。

#### 3.2.3.4 培养表达心声的语调

语调对于有声语言表达的效果有着重要的作用。语调不仅能成功地表达一个人的心理和性格，还可以表达说话者微妙的感情。不同的语调，可导致对方不同的感觉效果。一句话起什么作用，产生什么效果，给听者什么感受，取决于说话者的语气和语调。语调关系到口才的成功和失败，所以要交际成功，必须练习那种真实、准确、富有生命力的语调。

 **相关链接**

### 声音的四要素

从专业角度，声音分为四个要素：音色、音量、音高、音长。这四者是相辅相成、互相制约的。那么这四个要素在我们说话时起着怎样的作用呢？

### 1. 音色

音色，也就是声音的特色、个性。那什么样的音色叫作纯正呢？

吐字清晰、洪亮、圆润，是音色纯正的第一标准。

用通俗的话说，就是说话让人听得清，有很多人说话，有点囫囵吞枣，声音很大，可就是听不清楚到底在说些什么。还有些人说话太快，也不容易让人听得清楚。圆润的意思就是说话声音不能太尖。有些女孩子嗓音条件很细，说话声音再大点，就很容易往头腔走。这样就会造成声音听着不舒服。还有的人声音很低沉，如果不注意说话声音，也可能让人听不清。

声音的明暗虚实是音色的又一标准。

同一个音，a音。就可以产生明暗虚实的效果。比如说别人踩到你的脚，很疼，你会下意识地喊出a，这个a通常短促；又比如说，你吓唬你的朋友，你发出的a音就不会短促。而是虚虚实实，漂浮不定，给人恐惧的感觉。

通常情况下，音色明亮给人活泼开朗的感觉；音色低沉给人成熟的感觉；音色发虚，尾音上扬，给人没自信的感觉；音色发嗲，给人装腔作势、矫揉造作的感觉；音色过尖，给人工于心计的感觉。

### 2. 音量

顾名思义就是声音的大小，若用大力将音波从口腔以气流的方式发出，声音就大。反之音小。

有的人在描述一件事的时候让人听着就有趣，那就是有轻重缓急，音量时高时低。有的人描述一件事情的时候就像是"白开水"，无论多有趣的事，从他嘴里说出来，都索然无味。

无论在什么场合，音量过高，都是一种不成熟的表现，也是一种低素质的表现。没有哪位成功人士，说话特别大声。音量过高也是一种没有安全感的表现，或是太渴望被人关注。

### 3. 音高

音高是声音的高低，它取决于发音体在一定时间内颤动的频率。这里所指的高与低，是由个人不同的音高相比之下产生的。音高则表示兴奋、活泼、高兴等愉悦基调；音低则表示忧郁、阴沉、平静等心理状态。

两性交往中的低音往往被看成是更具魅力、更性感的一种特性。但是如果人为地压着嗓子，就是气流从口腔发出时，改变口腔正常说话的状态使其声音人为地压低，那么声音听上去也会不正常。

需要注意的是音高并不是声大，音高的高与低是由声带的颤动频率所决定的，声音的高与低是气息所决定的。

在日常生活中我们也会有高声低语的情况，比如说两个人说悄悄话，用很小的声音，描述一件愉快的事情。

**4. 音长**

音长是指声音的长短和停顿的间隙。就是俗话说的拉长音。有的人说话很快，容易给人造成只听其声，不明其意的状况。

在造就一个有修养的人的教育中，有一种训练必不可少，那就是优美、高雅的谈吐。

——哈佛大学前校长伊力特

## 3.3 营造气氛，友好交谈

交谈，是表达思想及情感的重要工具，是人际交往的主要手段。在人际关系中，"礼尚往来"有着十分突出的作用。可以说，在各种礼仪形式中，交谈礼仪占据主要地位。强化语言方面的修养，学习、掌握并运用好交谈的礼仪，对商务人士来说是至关重要的。

### 3.3.1 交谈的态度

商务人士在与人交谈时应当体现出以诚相待、以礼相待、谦虚谨慎、主动热情的基本态度，而绝对不能逢场作戏、虚情假意或应付了事。具体要求如图3-4所示。

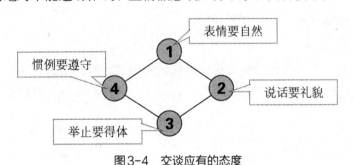

图3-4 交谈应有的态度

#### 3.3.1.1 表情要自然

（1）专注

交谈时目光应当专注，或注视对方，或凝神思考，从而和谐地与交谈进程相配合。眼珠一动不动，眼神呆滞，甚至直愣愣地盯视对方，都是极不礼貌的。目光东游西走，四处"扫瞄"，漫无边际，则是对对方不屑一顾的失礼之举，也是不可取的。如果是多人交谈，就应该不时地用目光与众人交流，以表示彼此是平等的。

（2）配合

交谈时可适当运用眉毛、嘴、眼睛在形态上的变化，来表达自己对对方所言的赞同、理解、惊讶、疑惑，从而表明自己的专注之情，使交谈顺利进行。

（3）协调

交谈时的表情应与说话的内容相配合。与上级领导谈话，应恭敬而大方；与客人谈话，则应亲切而自然。

### 3.3.1.2 说话要礼貌

（1）注意语音

与人进行交谈时，尤其是在大庭广众之下，必须有意识地压低自己说话时的音量。最佳的说话声音标准是，只要交谈对象可以听清楚即可。如果粗声大气，不仅有碍于他人，而且也说明自己缺乏教养。

（2）注意语态

与人交谈时，在神态上要既亲切友善，又舒展自如、不卑不亢。自己说话时，要恭敬有礼，切忌指手画脚、咄咄逼人。最佳的语态是平等待人、和缓亲善、热情友好、自然而然。当别人讲话时，则要洗耳恭听，最忌三心二意、用心不专。最佳的语态是积极合作、认真聆听、努力呼应、有来有往、专心致志。

（3）注意语气

在与别人交谈时，语气应当和蔼可亲，一定要注意平等待人、谦恭礼貌。讲话的速度稍微舒缓一些，讲话的音量低一些，讲话的语调抑扬顿挫一些。在交谈时既不要表现得居高临下，也不宜在语气上刻意奉迎，故意讨好对方，令对方反感。同时，在语气上一定要避免生硬、急躁或者轻慢。

（4）注意语速

在交谈之中，语速应保持相对稳定，既快慢适宜、舒张有度，又在一定时间内保持匀速。语速过快、过慢或者忽快忽慢，会给人一种没有条理、慌慌张张的感觉，是应当避免的。

### 3.3.1.3 举止要得体

（1）善于运用举止传递信息

比如，发言者可用手势来补充说明其所阐述的具体事由，适度的举止既可表达敬人之意，又有助于双方的沟通和交流。

（2）避免过分或多余的动作

与人交谈时可有动作，但动作不可过大，更不要手舞足蹈、拉拉扯扯、拍拍打打。为表达敬人之意，切勿在谈话时左顾右盼，或是双手置于脑后，或是高架"二郎腿"，甚至修指甲、挖耳朵等。交谈时应尽量避免打哈欠，如果实在忍不住，也应侧头掩口，并向他人致歉。尤其应当注意的是，不要在交谈时以手指指人，否则就有污蔑之意。

#### 3.3.1.4 惯例要遵守

商务人士在交谈时往往还能够通过一些细节来体现自己的谈话态度，在这些细节的处理上要遵守一定的既定惯例。

（1）注意倾听

商务人士在交谈时务必要认真聆听对方的发言，以表情举止予以配合，从而表达自己的敬意，并为积极融入交谈中做充分的准备。切不可追求"独角戏"，对他人发言不闻不问，甚至随意打断对方的发言。

（2）谨慎插话

交谈中不应当随便打断别人说话，要尽量让对方把话说完再发表自己的看法。如确实想要插话，应向对方先打招呼："对不起，我插一句行吗？"所插之言亦不可冗长，一句两句点到为止即可，不能接过话茬就开始长篇大论，完全不顾及对方的感受，也不管对方是否已经阐述完毕。

（3）重视交流

交谈是一种双向或多向交流过程，需要各方的积极参与。因此在交谈时切勿造成"一言堂"的局面。自己发言时要给其他人发表意见的机会，别人说话时自己则要适时发表个人看法，互动式地促进交谈进行。同时，要以交谈各方都共同感兴趣的话题为中心，并利用双方均能接受的方式进行。若发现话不投机，需及时调整话题。

（4）礼让对方

商务人士在与他人进行交谈时，不要以自我为中心，从而忽略了对对方的尊重。正常情况下，在谈话中不要随便否定对方或是质疑对方，不要动辄插嘴、抬杠，不要一人独霸"讲坛"，或者一言不发、有意冷场。

（5）委婉表达

在陈述自己的见解时，应该力求和缓、中听，不仅要善解人意，而且要留有余地。即使是提出建议或忠告，也可以采用设问句，最好不用有命令之嫌的祈使句。在任何时候，都不要强人所难。

### 3.3.2 交谈的语言

语言运用是否准确恰当，直接影响着交谈能否顺利进行。所以，在交谈中尤其要注意语言的使用问题。具体要求如图3-5所示。

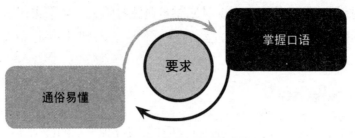

图3-5 交谈语言的运用要求

#### 3.3.2.1 通俗易懂

（1）说普通话。在商务交往中，商务人士应该自觉使用普通话，不要使用别人听不懂的方言或土语。

（2）说明白话。所使用的语言最好是让人一听便懂的明白话，切不可满口"之乎者也"，滥用书面语言、专业术语或名词典故。在交谈时，要以务实为本，应当通俗活泼、生动形象、浅显易懂，犹如闲话家常一般。

（3）说通俗话。在与对方交谈时，为了避免自己谈话时语言枯燥乏味，应充分考虑到对方的职业、受教育程度等因素，努力使自己的语言生动、形象、具体、鲜明，所说的话应力求平易通俗，以利于沟通交流。如果"官话"连篇，不仅有碍信息的传达，而且容易脱离群众。

#### 3.3.2.2 掌握口语

（1）机动灵活。在交谈过程中随时对自己所运用的口语具体内容与形式进行适度的调整。从表面上看，口语大都显得语句简短，结构松散，多有省略之处。有时，它甚至会出现话题转变、内容脱节、词序颠倒等现象。然而由于口头交际具有一定的双向性、互动性，这些问题往往瑕不掩瑜，反而更能显示口语生动活泼的特性。

（2）简明扼要。一方面要求发音标准，吐字清晰；另一方面则要求所说之话含义明确，不可模棱两可、产生歧义，以免造成不必要的误会。

（3）文明礼貌。要尽量使用尊称，并善于使用一些约定俗成的礼貌用语，如"您""谢谢""对不起"等；要多使用文明用语，在语言的选择和使用之中，应当既表现出使用者良好的文化素质、待人处事的实际态度，又能够令人产生优雅、温和、脱俗之感。交谈中应当尽量避免某些不文雅的语句和说法，对于不宜言明的一些事情，可以尽量用委婉的词句来表达，多用一些约定俗成的隐语。

比如想要上厕所时，可以说："对不起，我去一下洗手间。"或者说："不好意思，我去打个电话。"

> **达人秘诀**
>
> 在交谈时不可意气用事,以尖酸刻薄的话对他人冷嘲热讽,也不可"夜郎自大",处处卖弄才识指正别人。

### 3.3.3 交谈的内容

交谈内容的选择,也应遵守一定的原则,具体如图3-6所示。

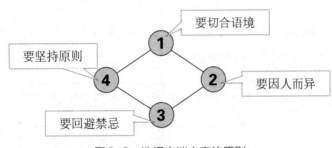

图3-6 选择交谈内容的原则

#### 3.3.3.1 要切合语境

(1)交谈内容务必要与交谈的时间、地点与场合相对应,否则就有可能出错。

(2)交谈内容还应符合自己的身份。应使谈话符合我国的法律法规,并与单位和领导保持一致。切勿与单位或领导唱反调,切勿泄露本单位的机密。

#### 3.3.3.2 要因人而异

在交谈时要根据交谈对象的不同而选择不同的交谈内容。谈话的本质是一种交流与合作,因此商务人士在选择交谈内容时,就应当为谈话对象着想,根据对方的性别、年龄、性格、阅历、职业、地位等选择适宜的话题。

#### 3.3.3.3 要回避禁忌

商务人士在与别人交谈时,应当把握好"度"。在态度上要注意克制,不要引起对方的不快,不可一言不发,不可没完没了,不可讽刺挖苦,不可骄傲自大。在内容上要慎重斟酌,千万不要犯忌,不宜对自己的单位或领导横加非议,必须时刻维护单位的声誉,绝对不能对自己的领导、同事、同行说三道四。不应涉及对方单位内部事务,不要涉及对方弱点与短处。同时,如果双方不是十分熟识,交谈也不要涉及对方的个人隐私,如年龄、收入等。

#### 3.3.3.4 要坚持原则

在一般交谈时要坚持"六不问"原则。即年龄、婚姻、住址、收入、经历、信仰，属于个人隐私的范畴，在与人交谈中，不要好奇询问，也不要问及对方需要保密的问题。在谈话内容上，一般不要涉及疾病、死亡、灾祸等不愉快的事情；不谈论荒诞离奇、耸人听闻的事情。与人交谈，还要注意亲疏有度，"交浅"不可"言深"，这也是一种交际艺术。

### 3.3.4 交谈的方式

与他人交谈，既要注意具体内容，又要注意表达方式。商务人士可根据不同的情况，采取图3-7所示的六种不同的谈话方式。

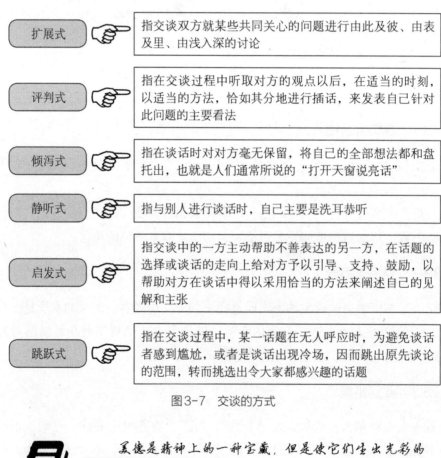

图3-7 交谈的方式

> 美德是精神上的一种宝藏，但是使它们生出光彩的则是良好的礼仪。
> ——约翰·洛克

# 第2部分

## ●商务礼仪实战篇●

第4章　商务接待礼仪

第5章　商务通信礼仪

第6章　商务往来礼仪

第7章　商务餐饮礼仪

第8章　商务会议礼仪

第9章　商务仪式礼仪

# 第 4 章
# 商务接待礼仪

**导言**

顾名思义，商务接待礼仪是我们负责接待的人员在商务接待过程中所遵循的礼仪。在商务接待中，恰到好处地运用商务接待礼仪，可以给来访客户一种良好的印象，有助于商务交往的顺利进行。

**思维导图**

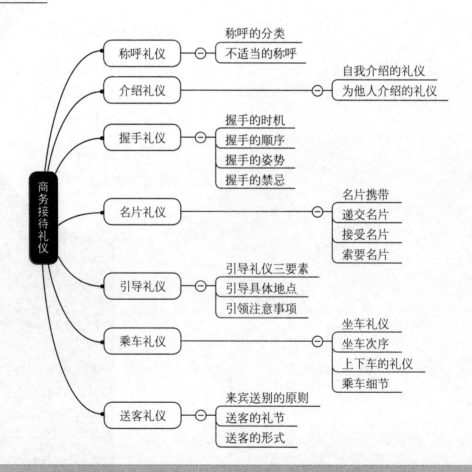

## 4.1 称呼礼仪

称呼指的是人们在日常交往应酬之中，所采用的彼此之间的称谓语。在人际交往中，选择正确、适当的称呼，反映着自身的教养、对对方尊敬的程度，甚至还体现着双方关系发展所达到的程度和社会风尚，因此不能随便乱用。

### 4.1.1 称呼的分类

在商务活动中，称呼要庄重、正式、规范。一句得体的称呼，既能引起对方的注意，也一下子拉近了双方的距离。依照商务惯例，在商务会面中，最正式的称呼有以下三种。

#### 4.1.1.1 称呼交往对象的行政职务

在商务活动中，以对方的行政职务相称，以示身份有别、尊敬有加，是最常见的一种称呼方法。以职务相称，具体来说又分为三种情况。

（1）仅称职务，例如"部长""经理""主任"等。

（2）在职务之前加上姓氏，例如"周市长""张董事长""马委员"等。

（3）在职务之前加上姓名，这仅适用极其正式的场合，例如"×××主席"。

#### 4.1.1.2 称呼交往对象的技术职称

对医生、教授、法官、律师以及有博士等有职称和学位的人士，均可单独称"医生""教授""法官""律师""博士"等。同时可以加上姓氏，也可加先生。如"李教授""法官先生""律师先生"等。这样可以表示你对他职称的认可和尊敬。

#### 4.1.1.3 泛尊称

泛尊称，指的是先生、夫人、女士一类可以广泛使用的尊称。对于那些初次打交道的，或者既没有具体的职务也没有具体的职称的人，可以直接称呼他们为"先生""女士"或者"夫人"，如果知道他们的姓氏，就最好在这些泛尊称的前面带上对方的姓，如"张先生""李女士"等。

> **达人秘诀**
>
> 在使用泛尊称的时候，对于男士，不管多大年纪，都可以称呼对方为"先生"，但是对于女士来说，"夫人"这个称呼可不能乱用的，必须在知道对方已经结婚的前提下才可以使用。

### 4.1.2 不适当的称呼

商务会面中不适当的称呼有以下几种。

#### 4.1.2.1 无称呼

在商务活动中不称呼对方,就直接开始谈话是非常失礼的行为。

#### 4.1.2.2 地方性称呼

有些称呼具有很强的地方色彩,比如,北京人爱称人为"师傅",山东人爱称人为"伙计",而在南方人听来,"师傅"类似"出家人","伙计"是指"打工仔"。

#### 4.1.2.3 不适当的俗称

有些称呼不适宜正式商务场合,切勿使用。"兄弟""哥们"等称呼,会显得使用这种称呼的人档次不高,缺乏修养。

 **相关链接**

**职场中称呼的注意要点**

第一,称呼他人时应遵循"就高不就低"的原则。

第二,很多人有多种不同的职务,称呼时应以双方的关系为优,如是普通关系,则称呼学术职称更好。

第三,对于"小姐"的称呼,有人容易误解,应慎用。

第四,在进行自我介绍或称呼他人时,应放慢语速,咬字清晰,避免出现尴尬。

第五,在工作场合中,一般以职务称呼为宜,无须太过谦虚。

第六,关系越熟越要注意称呼。与对方十分熟悉之后,千万不要因此而忽略了对对方的称呼,一定要坚持称呼对方的姓加职务(职称),尤其是有其他人在场的情况下。人人都需要被人尊重,越是熟人,越是要彼此尊重,如果熟了就变得随随便便,"老王""老李"甚至用一声"唉""喂"来称呼了,这样极不礼貌,是令对方难以接受的。

第七,初次见面更要注意称呼。初次与人见面或谈业务时,要称呼姓加职务,要一字一字地说得特别清楚,比如"王总经理";如果对方是个副总经理,可删去那个"副"字;但若对方是总经理,不要为了方便把"总"字去掉,而变为经理。

第八，称呼对方时不要一带而过。在交谈过程中，称呼对方时，要加重语气，称呼完了停顿一会儿，然后再谈要说的事，这样才能引起对方的注意，他会认真地听下去。如果你称呼得很轻又很快，有种一带而过的感觉，对方听着会不太顺耳，有时也听不清楚，就引不起对方听话的兴趣。相比之下，如果太不注意对方的姓名，而过分强调了要谈的事情，那就会适得其反，对方不会对你的事情感兴趣了。所以，一定要把对方完整的称呼，很认真很清楚很缓慢地讲出来，以显示对对方的尊重。

生命是短促的，然而尽管如此，人们还是有时间讲究礼仪。

——爱默生

## 4.2 介绍礼仪

介绍是社交场合中相互了解的基本方法。简单地说就是向相关人士说明有关情况，使双方相互认识，通过符合礼仪的介绍可以缩短人们之间的距离，解除陌生和畏惧，建立必要的了解和信任，以便更好地交谈、更多地沟通和更深入地了解。在日常生活与工作中常用的介绍有以下三种类型，即自我介绍、为他人介绍和集体介绍。

### 4.2.1 自我介绍的礼仪

自我介绍，即将本人介绍给他人，在合适的场合利用自我介绍，不仅可以扩大自己的交际圈，而且有助于自我展示，自我宣传，在交往中消除误会，加深印象。在自我介绍时，要注重时间、态度、内容等要点。

#### 4.2.1.1 时间

自我介绍时应注意的时间问题具有以下双重含义。

（1）自我介绍应在何时进行

一般认为，把自己介绍给他人的最佳时机如图4-1所示。

（2）自我介绍应大致使用多少时间

一般认为，用半分钟左右的时间来介绍就足够了，至多不超过1分钟。有时，适当使用三言两语一句话，用不到十秒钟的时间自我介绍，也可达到效果。

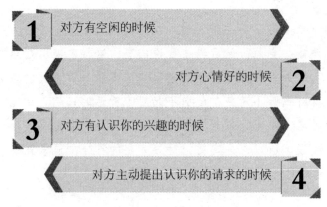

图 4-1　把自己介绍给他人的最佳时机

#### 4.2.1.2　态度

在作自我介绍时，态度一定要亲切、自然、友好、自信。

（1）介绍者应当表情自然，眼睛看着对方或大家，要善于用眼神、微笑和自然亲切的面部表情来表达友谊之情。

（2）不要显得不知所措，面红耳赤，更不能一副随随便便、满不在乎的样子。

（3）介绍时可将右手自然地放在自己的左胸上，不要慌慌张张，毛手毛脚，不要用手指指着自己。

#### 4.2.1.3　内容

在介绍时，被介绍者的姓名全称、供职单位、担负的具体工作等，被称作构成介绍主体内容的三大要素。在做自我介绍时，其内容在三大要素的基础上又有所变化。具体而言，依据自我介绍内容方面的差异，它可以分为以下四种形式。

（1）应酬型。应酬型适用于一般性的人际接触，只是简单地介绍一下自己。

比如，"您好！我叫×××。""您好！我是××。"

（2）沟通型。沟通型适用于普通的人际交往，但是意在寻求与对方交流或沟通。内容上可以包括本人姓名、单位、籍贯、兴趣等。

比如，"您好！我叫×××，江苏人，现在在××公司工作。"

（3）工作型。工作型是以工作为介绍的中心，以工作而会友。其内容应重点集中于本人的姓名、单位以及工作的具体性质。

比如，"您好！很高兴认识您。我叫×××，是××公司的业务经理，专门营销电器，有可能的话，我随时都愿意替您及您的公司效劳。"

（4）礼仪型。礼仪型适用于讲座、报告、演出、庆典、仪式等一些正式而隆重的场合，属于一种出于礼貌而不得不做的自我介绍。其内容除了必不可少的三大要素以外，还应附加一些友好、谦恭的语句。

比如,"大家好!在今天这样一个难得的机会中,请允许我做一下自我介绍。我叫×××,来自杭州××公司,是公司的公关部经理。我代表本公司热烈欢迎大家光临我们的展览会,希望大家……"

### 4.2.2 为他人介绍的礼仪

为他人介绍,首先要了解双方是否有结识的愿望;其次要遵循介绍的规则;再次是在介绍彼此的姓名、工作单位时,要为双方找一些共同的谈话材料,如双方的共同爱好、共同经历或相互感兴趣的话题。

#### 4.2.2.1 介绍的顺序

目前,国际公认的介绍顺序如图4-2所示。

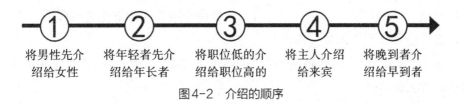

图4-2 介绍的顺序

#### 4.2.2.2 介绍的礼节

(1)介绍人的做法

介绍时要有开场白。

比如,"请让我给你们介绍一下,张女士,这位是……","请允许我介绍一下,李先生,这位是……"。

为他人做介绍时,手势动作要文雅,无论介绍哪一方,都应手心朝上,手背朝下,四指并拢,拇指微张开,指向被介绍的一方,并向另一方点头微笑。如图4-3所示。必要时,可以说明被介绍的一方与自己的关系,以便新结识的朋友之间相互了解和信任。介绍人在介绍时要掌握先后顺序,语言要清晰明了,不含糊其词,以使双方记清对方姓名。

图4-3 为他人做介绍

在介绍某人优点时要恰到好处,不宜过分称颂而导致难堪的局面。

> **达人秘诀**
>
> 为别人介绍之前不仅要征求一下被介绍双方的意见,在开始介绍时再打一下招呼,不要上去开口即讲,让被介绍者措手不及。

(2)被介绍人的做法

当介绍者询问是不是要有意认识某人时,不要拒绝或扭扭捏捏,而应欣然表示接受。实在不愿意时,要委婉说明原因。当介绍者走上前来,开始为你进行介绍时,被介绍者双方都应该起身站立,面带微笑,大大方方地目视介绍者或对方。介绍时除了女士和长者外,一般都应该站起来,但是若在会谈进行中,或在宴会等场合,就不必起身,只略微欠身致意就可以了。

当介绍者介绍完毕后,被介绍者双方应依照合乎礼仪的顺序进行握手,彼此问候一下对方,也可以互递名片,作为联络方式。

比如,"你好""见到你很高兴""认识你很荣幸""请多指教""请多关照"等。如需要还可互换名片。

如果被介绍的双方,其中一方是个人,另一方是集体时,应根据具体情况采取不同的办法。

第一种情况是将一个人介绍给大家,这种方法主要适用于在重大的活动中对于身份高者、年长者和特邀嘉宾的介绍。介绍后,可让所有的来宾自己去结识这位被介绍者。

第二种情况是将大家介绍给一个人,这种方法适用于在非正式的社交活动中,使那些想结识更多自己所尊敬的人物的年轻人或身份低者满足个人交往的需要,由他人将那些身份高者、年长者介绍给自己;也适用于正式的社交场合,如领导者对劳动模范和有突出贡献的人进行接见;还适用于两个处于平等地位的交往集体的相互介绍;开大会时对主席台就座人员的介绍。

将大家介绍给一个人的基本顺序有两种,如图4-4所示,千万不要随意介绍,以免使来者产生厚此薄彼的感觉,影响情绪。

图4-4 将大家介绍给一个人的基本顺序

> 彬彬有礼的风度，主要是自我克制的表现。
> ——爱迪生

## 4.3 握手礼仪

握手是一种无声的人体语言，是人际交往中必不可少的礼节。人们会通过握手，表达自己对对方的情感，并由此显示自己的风度、气质、性格和教养。

### 4.3.1 握手的时机

何时宜行握手礼？它通常取决于交往双方的关系、现场的气氛，以及当事人个人的心情等诸多因素，所以不能一概而论。一个人若要在人际交往中显得彬彬有礼，就应了解在什么时候应当握手，在什么时候不必握手，否则即为失礼。

#### 4.3.1.1 应当握手的场合

下列时刻，一般应与别人握手。

（1）遇到较长时间未曾谋面的熟人，应与其握手，以示为久别重逢而万分欣喜。

（2）在比较正式的场合同相识之人道别，应与之握手，以示自己的惜别之意以及希望对方珍重之心。

（3）在以本人作为东道主的交际场合，迎接或送别来访者之时，应与对方握手，以示欢迎或欢送。

（4）拜访他人之后，在辞行之时，应与对方握手，以示再会。

（5）被介绍给不相识者时，应与之握手，以示自己乐于结识对方，并为此深感荣幸。

（6）在社交场合，偶然遇上了同事、同学、朋友、邻居、长辈或上司时，应与之握手，以示高兴与问候。

（7）他人给予自己一定的支持、鼓励或帮助时，应与之握手，以示衷心感激。

（8）向他人表示恭喜、祝贺之时，如祝贺生日、结婚、生子、晋升、升学、乔迁、事业成功或获得荣誉、嘉奖时，应与之握手，以示贺喜之诚意。

（9）他人向自己表示贺喜、祝贺之时，应与之握手，以示谢意。

（10）对他人表示理解、支持、肯定时，应与之握手，以示真心实意。

（11）应邀参加社交活动，如宴会、舞会、音乐会之后，应与主人握手，以示谢意。

（12）在重要的社交活动，如宴会、舞会、沙龙、生日晚会开始前与结束时，主人应与来宾握手，以示欢迎与道别。

（13）得悉他人遭受挫折或家人过世时，应与之握手，以示慰问。

（14）他人向自己赠送礼品或颁发奖品时，应与之握手，以示感谢。

（15）向他人赠送礼品或颁发奖品时，应与之握手，以示郑重其事。

#### 4.3.1.2 不宜握手的场合

在下述一些时刻或场合，因种种原因，不宜同交往对象行握手礼。此时，可采用对方理解的方式向其致意。

（1）对方手部受伤。

（2）对方手部携带物品。

（3）对方手中忙于他事，如打电话、用餐、喝饮料、主持会议或与他人交谈等。

（4）对方与自己距离较远。

（5）对方所处环境不适合握手。

### 4.3.2 握手的顺序

在正式的场合，行握手礼时最重要的礼仪问题，是握手的双方应当由谁先伸出手来发起握手，即握手的先后次序问题。倘若对此一无所知，在与他人握手时，轻率地抢先伸出手去而得不到对方的回应，那种场景是令人非常尴尬的。

#### 4.3.2.1 尊者决定原则

根据礼仪规范，握手时双方伸手的先后次序，应当在遵守"尊者决定原则"的前提下，具体情况具体对待。

尊者决定原则的含义是：当两人握手时，首先应确定握手双方彼此身份的尊卑，然后以此来决定伸手的顺序。通常应由位尊者首先伸出手来，即尊者先行。位卑者只能在此后予以回应，而绝不可贸然抢先伸手，否则就是违反礼仪的举动。在握手时，之所以要遵守尊者决定原则的好处也体现对位尊者的尊重，也是为了维护在握手之后的寒暄应酬中位尊者的自尊。因为握手往往意味着进一步交往的开始，如果位尊者不想与位卑者深交，便大可不必伸手与之相握。换言之，如果位尊者主动伸手与位卑者相握，则表明前者对后者印象不坏，而且有意与之深交。

#### 4.3.2.2 具体的情况

根据具体情形而言，握手时双方伸手的先后次序大体包括如下几种情况。

（1）年长者与年幼者握手，应由年长者首先伸出手。

（2）长辈与晚辈握手，应由长辈首先伸出手。

（3）老师与学生握手，应由老师首先伸出手。

（4）女士与男士握手，应由女士首先伸出手。

（5）已婚者与未婚者握手，应由已婚者首先伸出手。

（6）社交场合的先至者与后来者握手，应由先至者首先伸出手。

（7）上级与下级握手，应由上级首先伸出手。

（8）职位、身份较高者与职位、身份较低者握手，应由职位、身份较高者首先伸出手。

#### 4.3.2.3 特殊的情况

若是一个人需要与多人握手，则握手时应讲究先后次序，由尊到卑，即先年长者后年幼者，先长辈后晚辈，先老师后学生，先女士后男士，先已婚者后未婚者，先上级后下级，先职位、身份高者后职位、身份低者。

在公务场合，握手时伸手的先后次序主要取决于职位、身份，而在社交、休闲场合，则主要取决于年纪、性别、婚否。

在接待来访者时，这一问题则较为特殊一些：当客人抵达时，一般应由主人首先伸出手来与客人相握。而在客人告辞时，则应由客人首先伸出手来与主人相握。前者是表示欢迎，后者则表示再见。若这一次序颠倒，则极易让人发生误解。

> **达人秘诀**
>
> 上述握手时的先后次序可以用来律己，却不必用来处处苛求于人。如果当自己处于尊者之位，而位卑者抢先伸手要求相握时，最得体的做法还是应与之配合。若是过分拘泥于礼仪，对其视而不见，置之不理，令对方进退两难，当场出丑，也是失礼于对方、有失身份的表现。

### 4.3.3 握手的姿势

握手的标准方式，是行礼时行至距握手对象约一米处，双腿立正，上身略向前倾，伸出右手，四指并拢，拇指张开与对方相握。握手时应用力适度，上下稍许晃动三四次，随后松开手来，恢复原状。具体来说，握手时应加以注意的问题有以下几点。

#### 4.3.3.1 神态自然

与人握手时，理当神态专注、热情、友好、自然。在通常情况下，与人握手时，应面含笑意，目视对方双眼，并且口道问候。

在握手时，切勿显得自己三心二意，敷衍了事，傲慢冷淡。如果在此时迟迟不握他人早已伸出的手，或是一边握手，一边东张西望，甚至忙于跟其他人打招呼，都是极不礼貌的。

#### 4.3.3.2 姿势正确

向他人行握手礼时，只要有可能，就应起身站立。除非是长辈或女士，否则坐着与人握手是不合适的。

握手之时，双方彼此之间的最佳距离为一米左右，因此握手时双方均应主动向对方靠拢。若双方距离过大，显得像是一方有意讨好或冷落另外一方。若双方握手时距离过小，手臂难以伸直，也不大雅观。最好的做法，是双方将要相握的手各向侧下方伸出，伸直相握后形成一个直角。

图4-5　男男相握

#### 4.3.3.3 手位恰当

在握手时，手的位置至关重要。如图4-5～图4-7所示。

（1）男士之间相互握手时，握住手掌，虎口相对。

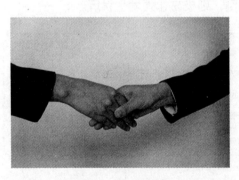

图4-6　女女相握

（2）女士之间手指相握。

（3）男士握女士的手指，不应超过手指尾关节。商务场合，与女士握手，男士切忌把左手也热情的盖上去。当然拜见年长者时如果对方主动加上另一只手，此时也可以加上自己的左手，以表达敬意。

#### 4.3.3.4 力度适中

握手时，为了向交往对象表示热情友好，应当稍许用力。与亲朋故旧握手时，所用的力量可以稍大一些；与异性以及初次相识者握手时，则千万不可用力过猛。

总之，在与人握手时，不可以毫不用力，不然就会使对方感到缺乏热情与朝气。但也不宜矫枉过正，如果在握手时拼命用力，则难免有示威或挑衅之嫌。

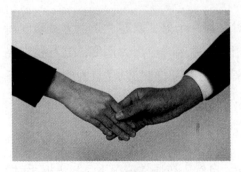

图4-7　男女相握

#### 4.3.3.5 时间得体

在普通情况下，与他人握手的时间不宜过短或过长。大体来讲，握手的全部时间应控制在3秒钟以内，一般握上一两秒即可。

但若握手时两手稍触即分，时间过短，好似在走过场，又像是对对方怀有戒意。而与他人握手时间过长，尤其是拉住异性或初次见面者的手长久不放，则会被人误解。

### 4.3.4 握手的禁忌

在人际交往中，握手虽然司空见惯，看似寻常，但是由于它可被用来传递多种信息，因此在行握手礼时应努力做到合乎规范，并且注意下述握手的禁忌。

（1）不要用左手与他人握手。

（2）不要在握手时争先恐后。应当遵守秩序，依次而行。

（3）不要在握手时戴着手套。只有女士在社交场合戴着薄纱手套与人握手，才是被允许的。

（4）不要在握手时戴着墨镜。只有患有眼疾或眼部有缺陷者，方能例外。

（5）不要在握手时将另外一只手插在衣袋里。

（6）不要在握手时另外一只手依旧拿着东西而不肯放下。例如，仍然拿着香烟、报刊、公文包、行李等。

（7）不要在握手时面无表情、不置一词。好像根本无视对方的存在，纯粹是为了应付。

（8）不要在握手时长篇大论、点头哈腰、热情过度。那样子会显得过于客套，有时会使对方不自在、不舒服。

（9）不要在握手时只递给对方一截冷冷的手指尖，像是迫于无奈似的。此种握手方式在国外叫作死鱼式握手，被公认是失礼的做法。

（10）不要在握手时把对方的手拉过来、推过去，或者上下左右抖个没完。

（11）不要用脏污不洁的手与他人相握。

（12）不要在与人握手之后，立即擦拭自己的手掌，好像与对方握一下手就会使自己受到污染。

（13）不要直接拒绝与他人握手，即使有手疾或汗湿、弄脏了，也要礼貌和对方说一下"对不起，我的手现在不方便"或是"不好意思，我手上有水"。

知识使人变得文雅，而交际使人变得完善。

——乔·富勒

## 4.4 名片礼仪

在社交场合与他人进行交际应酬时，我们都离不开名片的使用，名片已成为人们社交活动的重要工具。一张小小的名片，一个交换名片的小动作，却透露着一种内在的修养，一种内涵。因此，名片的递送、接受、存放也要讲究礼仪。

### 4.4.1 名片携带

我们在参加正式的交际活动之前，都应随身携带自己的名片，以备交往之用。名片的携带应注意图4-8所示的三点。

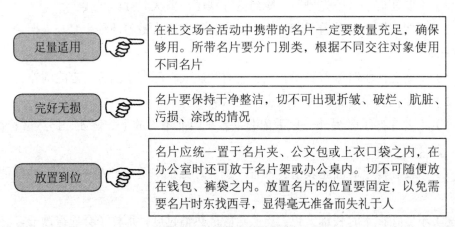

图4-8 携带名片的要点

### 4.4.2 递交名片

在与人交往时，递交名片要注意以下图4-9所示的要点。

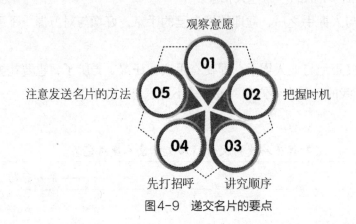

图4-9 递交名片的要点

#### 4.4.2.1 观察意愿

除非自己想主动与人结识，否则名片务必要在交往双方均有结识对方并欲建立联系的意愿的前提下发送。这种愿望往往会通过"幸会""认识你很高兴"等一类谦语以及表情、体态等非语言符号体现出来。如果双方或一方并没有这种愿望，则无须发送名片，否则会有故意炫耀、强加于人之嫌。

#### 4.4.2.2 把握时机

发送名片要掌握适宜时机，只有在确有必要时发送名片，才会令名片发挥功效。发送名片一般应选择初识之际或分别之时，不宜过早或过迟。不要在用餐、看剧、跳舞之时发送名片，也不要在大庭广众之下向多位陌生人发送名片。

一般来说，遇到图4-10所示的情况需要将自己的名片递送他人，或与对方交换名片。

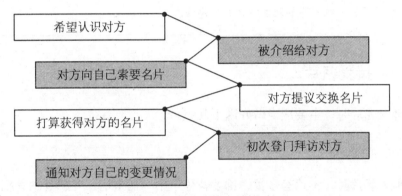

图4-10　与人交换名片的时机

需要注意的是不要把自己的名片随意散发给陌生人，防止被人不正当使用。另外，下列情况，不需要递送名片。

（1）对方是陌生人而且不需要以后交往。

（2）不想认识或与对方深交。

（3）对方对自己并无兴趣。

（4）经常见面的双方。

（5）双方之间地位、身份、年龄差别很大。

#### 4.4.2.3 讲究顺序

双方交换名片时，应当首先由位低者向位高者发送名片，再由后者回复前者。但在多人之间递交名片时，不宜以职务高低决定发送顺序，切勿跳跃式进行发送，甚至遗漏其中某些人。最佳方法是由近至远、按顺时针或逆时针方向依次发送。

#### 4.4.2.4 先打招呼

递上名片前,应当先向对方打个招呼,令对方有所准备。既可先做一下自我介绍,也可以说声"对不起,请稍候""可否交换一下名片"之类的提示语。

#### 4.4.2.5 注意发送名片的方法

递名片时应起身站立,走上前去,双手将名片正面对着对方,递给对方。若对方是外宾,最好将名片印有英文的那一面对着对方。将名片递给他人时,应说"多多关照""常联系"等语话,或是先做一下自我介绍。如图4-11所示。

与多人交换名片时,应讲究先后次序。或由近而远,或由尊而卑进行。位卑者应当首先把名片递给位尊者。

> **达人秘诀**
>
> 发送名片时不要用左手递交名片;不要将名片背面对着对方或是颠倒着面对对方;不要将名片举得高于胸部;不要以手指夹着名片给人。

### 4.4.3 接受名片

接受他人名片时,主要应当做好以下几点。

#### 4.4.3.1 态度谦和

接受他人名片时,不论有多忙,都要暂停手中一切事情,并起身站立相迎,面含微笑,双手接过名片。至少也要用右手,而不得只使用左手。如图4-12所示。

图4-11 递送名片

图4-12 接受名片

#### 4.4.3.2 认真阅读

接过名片后,先向对方致谢,然后要将其从头至尾默读一遍,遇有显示对方荣耀的职务、头衔不妨轻读出声，以示尊重和敬佩。若对方名片上的内容有所不明，可当场请教对方。

#### 4.4.3.3 精心存放

接到他人名片后，切勿将其随意乱丢乱放、乱揉乱折，而应将其谨慎地置于名片夹、公文包、办公桌或上衣口袋之内，且应与本人名片区别放置。

#### 4.4.3.4 有来有往

接受了他人的名片后，应当即刻回给对方一枚自己的名片。没有名片，名片用完了或者忘了带名片时，应向对方做出合理解释并致以歉意，切莫毫无反应。

### 4.4.4 索要名片

依照惯例，通常情况下最好不要直接开口向他人索要名片。但若想主动结识对方或者有其他原因有必要索取对方名片时，可相机采取图4-13所示的办法。

图4-13 索要名片的方法

#### 4.4.4.1 互换法

即以名片换名片。在主动递上自己的名片后，对方按常理会回给自己一枚他的名片。如果担心对方不回送，可在递上名片时明言此意："能否有幸与您交换一下名片？"

#### 4.4.4.2 激将法

给对方递送名片的同时，礼貌地说："这是我的名片，请多关照。能否有幸与您交换一张名片？"

#### 4.4.4.3 谦恭法

向对方说："不知以后如何向您请教？"谦恭要讲究对象，一般与比自己位高年长者交往时采用此法。

#### 4.4.4.4 平等法

跟与自己年龄、职位等相当者交往并想获取对方名片时，可向对方说："不知以后如何与你联系？"

> **达人秘诀**
>
> 面对他人的索取，不应直接加以拒绝。如确有必要这么做，则需注意分寸。最好向对方表示自己的名片刚用完，或说自己忘了带名片。

唯宽可以容人，唯厚可以载物。
——薛瑄

## 4.5 引导礼仪

在商务活动中，接待人员应懂得基本的引导礼仪，带领客人到达目的地，应该有正确的引导方法和引导姿势，从礼节上多多注意，不可失礼于人而有损自己和公司的形象。

### 4.5.1 引导礼仪三要素

引导礼仪主要包括引导位置、引导手势、引导语言三要素。

#### 4.5.1.1 引导位置

引导人员应站在来宾的左前方，距来宾0.5～1.5米，传达"以右为尊、以客为尊"的理念。来宾人数越多，引导的距离也应该越远，以免照顾不周。

#### 4.5.1.2 引导手势

常用的引导手势有以下四种。

（1）横摆式

即手臂向外侧横向摆动，指尖指向被引导或指示的方向，适用于指示方向时。如图4-14所示。

以右手为例：将五指伸直并拢，手心不要凹陷，手与地面呈45度角，手心向斜上方。腕关节微屈，腕关节要高于肘关节。动作时，手从腹前抬起，至横膈膜处，然后，以肘关节为轴向右摆动，到身体右侧稍

图4-14 横摆式

前的地方停住。同时,双脚形成右丁字步,左手下垂,目视来宾,面带微笑。这是在门的入口处常用的谦让礼的姿势。

(2) 直臂式

手臂向外侧横向摆动,指尖指向前方,手臂抬至肩高,适用于指示物品所在。如图4-15所示。

以右手为例:五指伸直并拢,屈肘由腹前抬起,手臂的高度与肩同高,肘关节伸直,再向要行进的方向伸出前臂。在指引方向时,身体要侧向来宾,眼睛要兼顾所指方向和来宾,直到来宾表示已清楚了方向,再把手臂放下,向后退一步,施礼并说"请您走好"等礼貌用语。

图4-15 直臂式

(3) 曲臂式

手臂弯曲,由体侧向体前摆动,手臂高度在胸以下,适用于请人进门时。当一只手拿着东西,扶着电梯门或房门,同时要做出"请"的手势时,可采用曲臂手势。如图4-16所示。

以右手为例:五指伸直并拢,从身体的侧前方,向上抬起,至上臂离开身体的高度,然后以肘关节为轴,手臂由体侧向体前摆动,摆到手与身体相距20厘米处停止,面向右侧,目视来宾。

图4-16 曲臂式

(4) 斜臂式

手臂由上向下斜伸摆动,适用于请人入座时。请来宾入座时,手势要斜向下方。首先用双手将椅子向后拉开,然后,一只手曲臂由前抬起,再以肘关节为轴,前臂由上向下摆动,使手臂向下成一斜线,并微笑点头示意来宾。如图4-17所示。

#### 4.5.1.3 引导语言

要有明确而规范的引导语言,多用敬语"您好!""请",以表达对来宾的尊重。

图4-17 斜臂式

### 4.5.2 引导具体地点

#### 4.5.2.1 走廊处

引导人员应走在来宾一两步之前，让对方行走在走廊的中央，自己走在走廊一侧。切记，应与来宾步调保持一致。

#### 4.5.2.2 楼梯处

引导客人上楼时，应让客人走在前面，接待工作人员走在后面，若是下楼时，应该由接待工作人员走在前面，客人在后面。上下楼梯时，应注意客人的安全。

女士引领男宾，宾客走在前面；男士引领女宾，男士走在前面；男士引领男宾，上楼宾客走前，下楼引领者走前；若宾客不清楚线路，则引领者走前。

> **达人秘诀**
> 拐弯或有楼梯台阶的地方应使用手势，并提醒客人"这边请"或"注意楼梯"等。

#### 4.5.2.3 电梯处

（1）引导至电梯口

如果只有一位来宾，引导人员按住按钮，请客人进入。如果有两位以上来宾，引导人员与电梯门成90度角站立，用靠近电梯门一侧的手采用直臂式手势护梯，另外一只手用曲臂式手势邀请来宾进入。如图4-18所示。

图4-18 电梯引导礼仪

（2）陪同进入

如只有一位来宾，则请来宾进入，然后紧跟进入，站到电梯内控制按钮附近，身体背对电梯壁，与电梯门成90度角。如果有两位以上来宾，先说"请稍等。"然后走进电梯，用另一只手邀请来宾进入。出梯时，按住按钮说"您先请。"等来宾都走出去后，再走出去引导。

（3）电梯站位

电梯右侧有按钮时，如图4-19所示，则2号位为大位，4号位为二位，3号位为三位，5号位为四位，1号位为五位。

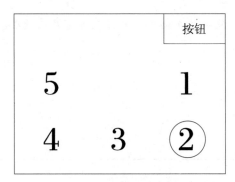

图4-19　电梯站位示意图

如果电梯两侧都有按钮，则只需将上图中1号位与5号位互换位置，因为商务礼仪中通常以右为尊。

4.5.2.4　开门和关门

（1）手拉门

引导人员应先拉开门说："请稍等。"靠近把手的手拉住门，站在门旁，用曲臂式手势请大家进门，最后自己把门关上。

（2）手推门

引导人员推开门说："请稍等。"然后引导人员先进，握住门后把手，用横摆式手势请来宾进入。

4.5.2.5　会议室

当来宾走入会客厅后，接待人员用斜摆式手势指示，同时要说"您请坐"等敬语。请来宾入座，看到来宾坐下后，才能离开。

### 4.5.3　引领注意事项

引导人员在引导来宾时应注意图4-20所示的事项。

| 1 | 通常情况下，引导人员在来宾的左前方 |
| 2 | 引导人员的步调要适应来宾的速度 |
| 3 | 引导时，多用语言提醒，多用敬语，注意保护来宾的安全 |

图 4-20　引领注意事项

没有礼貌的人，就像没有窗户的房屋。

——谚语

## 4.6　乘车礼仪

商务接待乘车礼仪是商务接待中重要的一个环节，座次的完美安排则是对客户尊重的体现。商务乘车遵循一个原则就是"把客人放在最安全的位置！"。

### 4.6.1　坐车礼仪

在比较正规的场合，乘坐轿车时一定要分清座次的尊卑，并在自己合适之处就座。而在非正式场合，则不必过分拘礼。座次礼仪可概括为如图4-21所示的"四个为尊，三个为上"。

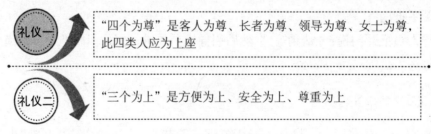

图 4-21　座次礼仪

### 4.6.2　坐车次序

轿车上座次的尊卑，从礼仪上来讲，主要取决于下述四个因素。

#### 4.6.2.1 轿车的驾驶者

驾驶轿车的司机一般分为两种：一种是轿车主人，另一种是专职司机。国内目前所见的轿车多为双排座与三排座，车上座次尊卑的差异如下。

（1）主人驾驶轿车

当主人或领导亲自驾车的时候，此时一般称之为社交用车，上座为副驾驶座。这种情况，一般前排座为上，后排座为下；以右为尊，以左为卑。这种坐法体现出"尊重为上"的原则，体现出客人对开车者的尊重，表示平起平坐，亲密友善。如图4-22、图4-23所示。

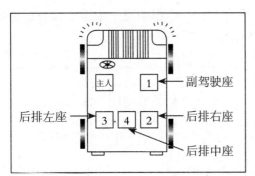 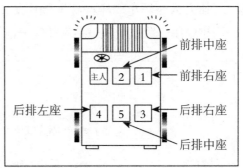

图4-22 主人驾驶座次尊卑顺序（一）

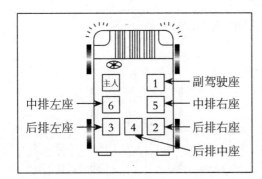 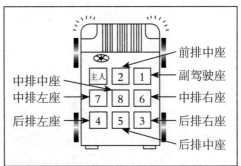

图4-23 主人驾驶座次尊卑顺序（二）

其中双排五人座轿车的座次尊卑顺序是：副驾驶座→后排右座→后排左座→后排中座；双排六人座轿车的座次尊卑顺序是：前排右座→前排中座→后排右座→后排左座→后排中座；三排七人座轿车的座次尊卑顺序是：副驾驶座→后排右座→后排左座→后排中座→中排右座→中排左座；三排九人座轿车的座次尊卑顺序是：副驾驶座→前排中座→后排右座→后排左座→后排中座→中排右座→中排左座→中排中座。

乘坐主人驾驶的轿车时，最重要的是不能冷落主人，也就是不能令前排座位"虚位以待"，一定要有人坐在那里，以示相伴。由男士驾驶自己的轿车时，若夫人或女友在场，她一般应坐在副驾驶座上。

由主人驾车送其友人夫妇回家时，其友人之中的男士，一定要坐在副驾驶座上，与主人相伴，而不宜形影不离地与自己夫人坐在后排，那将是失礼行为。若同坐多人，中途坐前座的客人下车后，在后面坐的客人应改坐前座，此项礼节最易疏忽。

（2）专职司机驾驶轿车

当由专职司机驾车时，由于右侧上下车更方便，因此要以右尊左卑为原则，同时后排为上，前排为下。如图4-24、图4-25所示。一般来说，双排五人座轿车的座次尊卑顺序是：后排右座→后排左座→后排中座→副驾驶座；双排六人座轿车的座次尊卑顺序是：后排右座→后排左座→后排中座→前排右座→前排中座；三排七人座轿车的座次尊卑顺序是：后排右座→后排左座→后排中座→中排右座→中排左座→副驾驶座；三排九人座轿车的座次尊卑顺序是：中排右座→中排中座→中排左座→后排右座→后排中座→后排左座→副驾驶座→前排中座。

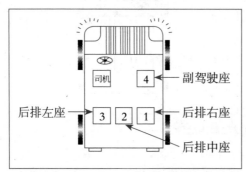 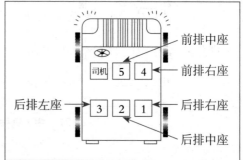

图4-24　专职司机驾驶座次尊卑顺序（一）

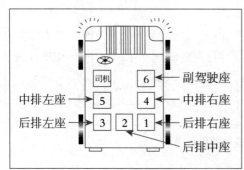 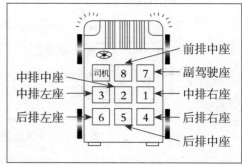

图4-25　专职司机驾驶座次尊卑顺序（二）

在接待非常重要客人的场合，比如说政府要员、重要外宾、重要企业家，这时候上座应是司机后座，因为该位置的隐秘性好，而且是车上安全系数较高的位置。一般来说，在轿车上女性不宜坐于异性中央。

4.6.2.2　轿车的类型

上述方法，主要适用于双排座、三排位轿车，对于其他一些特殊类型的轿车并不适用。

（1）吉普车，简称吉普，它是一种轻型越野轿车，大都是四座车。吉普车底盘高，功率大，主要功能是越野，减震及悬挂太硬，坐在后排颠簸得厉害。不管由谁驾驶，吉普车上座次由尊而卑均依次是：副驾驶座→后排右座→后排左座。

（2）多排座轿车，指的是四排以及四排以上座次的大中型轿车。其不论由何人驾驶，均以前排为上，以后排为下；以右为尊，以左为卑；并以距离前门的远近，来排定其具体座次的尊卑。

#### 4.6.2.3 轿车上座次的安全系数

从某种意义上讲，乘坐轿车理当优先考虑安全问题。在轿车上，后排座比前排座要安全。相对不安全的座位，当数前排右座。相对安全的座位，则当推后排左座（驾驶座之后），或是后排中座。

当主人亲自开车时，之所以以副驾驶座为上座，既是为了表示对主人的尊重，也是为了显示与之"同舟共济"。由专人驾车时，副驾驶座一般也叫随员座，通常坐于此处者多为随员、译员、警卫等。

鉴于此，一般不应让女士坐于专职司机驾驶的轿车的前排座，孩子与尊长也不宜在此座就座。

#### 4.6.2.4 轿车上嘉宾的本人意愿

通常，在正式场合乘坐轿车时，应请尊长、女士、来宾就座于上座，这是给予对方的一种礼遇。然而，更为重要的是，与此同时，不要忘了尊重嘉宾本人的意愿和选择，并应将这一条放在最重要的位置。应当认定：必须尊重嘉宾本人对轿车座次的选择，嘉宾坐在哪里，即应认定那里是上座。即便嘉宾不明白座次，坐错了地方，轻易也不要对其指出或纠正。这时，务必要讲"主随客便"。

### 4.6.3 上下车的礼仪

正式商务交际场合中，上下车先后顺序不仅是一种讲究，更是一种文明礼貌的体现，所以必须认真的遵守。上下车的基本礼仪原则是"方便宾客，突出宾客"。一般是让领导和客人先上，司机、陪同人员后上。下车时，司机、陪同人员先下，领导和客人后下。

#### 4.6.3.1 上车礼仪细节

（1）上车时，为领导和客人打开车门的同时，左手固定车门，右手护住车门的上沿（左侧下车相反），防止客人或领导碰到头部，确认领导和客人身体安全进车后轻轻关上车门。

（2）如果我们是外出办事，同去的人较多，对方热情相送，这时候我们应在主动向对方道谢之后，先上车等候。因为送别仪式的中心环节是在双方的主要领导之间进行的，如果所有人都非要等领导上车后再与主人道别上车，就会冲淡双方领导道别的气氛，而上车时也会显得混乱无序。所以，如果大家是同乘一辆车，我们要先上车，并主动坐到后排去。如果我们是分乘几辆轿车的话，则应上到各自的车内等候，只需留下一个与领导同车的人陪同领导道别即可。

（3）环境允许的条件下，应当请女士、长辈、上司或嘉宾首先上车。

（4）若同与女士、长辈、上司或嘉宾在双排座轿车的后排上就座的话，应请后者首先从右侧后门上车，在后排右座上就座。随后，应从车后绕到左侧后门登车，落座于后排左座。

（5）由主人亲自开车时，出于对乘客的尊重与照顾，可以由主人最后一个上车，最先一个下车。主人应为同车的第一主宾打开轿车的右侧后门，用手挡住车门上沿，防止客人碰到头。客人坐好后再关门，注意不要夹到客人的手或衣服。然后从车尾绕到左侧为另外的客人开门或自己上车。

#### 4.6.3.2　下车礼仪细节

（1）下车时，司机陪同人员先下车，快速地为领导和宾客开车门，同时一手固定在车门上方，一手护住车门。如果很多人坐一辆车，那么谁最方便下车谁先下车。

（2）如果陪领导出席重要的欢迎仪式，到达时对方已经做好迎接准备。这个时候一定要等领导下车后我们再下车，否则就会有"抢风头"之嫌。这种情况领导如何下车呢？如果是三排以上商务车，由领导边上的人开门，再避到后排，为领导下车让出通道。如果是双排车，欢迎的人群中一般会有人为领导开车门。

（3）在人多并且合适的场合中，男士先下车，女士、长辈后下车，服务人员先下车，领导后下车。

（4）若无专人负责开启车门，陪同人员则应首先从左侧后门下车，从车后绕行至右侧后门，协助女士、长辈、上司或嘉宾下车，即为其开启车门。

（5）乘坐有折叠椅的3排座轿车时，循例应当由在中间一排加座上就座者最后登车，最先下车。

（6）乘坐9座3排座轿车时，应当由低位者，即男士、晚辈、下级、主人先上车，而请高位者，即女士、长辈、上司、客人后上车。下车时，其顺序则正好相反。唯有坐于前排者可优先下车，拉开车门。

送领导或客人上下车乘车礼仪如图4-26所示。

图4-26　送领导或客人上下车乘车礼仪

#### 4.6.3.3　陪同人员上下车礼仪细节

（1）商务陪同人员自己在上下车时，动作应当"温柔"一点，不要动辄"铿锵作响"。上下车时，不要大步跨越，连蹦带跳，显得不庄重。

（2）商务人员如果身为低位，则在上下车时，还需主动地为高位者开关车门。具体来讲，当高位者准备登车时，低位者应当先行一步，以右手或左右两只手同时并用，为高位者拉开车门。拉开车门时，应尽量将其全部拉开，即形成90度的夹角。

（3）上下车时，应当注意对高位者主动给予照顾与帮助。

#### 4.6.3.4　女士上下车礼仪细节

在商务场合中，作为女性，上车姿势仪态要优雅，应该为"背入式"，即身体背向车厢，扶裙入座，坐定后即将双脚同时缩进车内。如穿长裙，应在关上车门前将裙子整理好。

下车姿势应将身体尽量移近车门，立定，然后将身体重心移至另一只脚，再将整个身体移离车外，最后踏出另一只脚，如穿短裙则应将两只脚同时踏出车外，再将身体移出。如图4-27所示。

（1）女士上车要双腿并拢，背对车门坐下，然后收入双腿；下车时要正面面对车门，双腿着地后再下车。

（2）倘若女士裙子太短或太紧不宜先上车，此时男士不必过分谦让。女士上车时，得体的方法是：先背对车座，轻轻坐在座位上，合并双脚并一同收入车内；下车时，也要双脚同时着地，不可跨上跨下，有失雅观。

图4-27 女士上下车乘车礼仪

## 4.6.4 乘车细节

（1）上下轿车时，要相互礼让，不要拉拉扯扯，尤其是不要争抢座位。

（2）在轿车上应注意举止，切勿东倒西歪。

（3）不要在车上吸烟，或是连吃带喝，不要将垃圾留在车内。

（4）乘车时，不要随意动车内设施，要自觉保持车厢整洁。

（5）要保持得体的仪表，不要随便脱掉外套。

（6）乘坐主人驾驶的轿车时，不要让副驾驶座位空着，遇到前排客人中途下车的情况，后座的客人应当主动补充副驾驶座位。

（7）有领导一同乘车的情况下，如果领导没有休息，其他人不要在车上睡觉。

 礼貌周全不花钱，却比什么都值钱。

——塞万提斯

## 4.7 送客礼仪

如果说迎宾是接待工作的序曲,那么送客就是接待工作的结束曲、压轴戏。因此,真正有经验的商务人士总是更加重视送客的礼仪,所谓"出迎三步,身送七步",有始有终才是真正的送客之道。

### 4.7.1 来宾送别的原则

在商务活动中,送客时,应把握以下几个原则。

#### 4.7.1.1 关注客人反应,随机应变

接待人员在与客人的交谈中,要时刻关注客人的反应,尽可能地掌握客人的需求与想法,再结合客户实际情况确定能够被客人接受的送别规格,不能简单机械地按照接待前期准备工作中预定的迎送计划行事。

同时,接待人员在和客人交谈的时候,如果客人的胳膊肘抬起来或是双手支在椅子扶手上,是一种要结束交谈的身体语言。如果客人有这种姿态出现,就要询问客人是不是还有其他安排。

#### 4.7.1.2 严格遵守时间

正式的来宾接待一般有严格的时间控制,接待人员要严格遵守,认真执行。接待人员一定要知晓送别客人的具体时间和地点,同时要讲究主随客变的原则,让客人确定具体时间和地点。

时间确定好后,接待人员应根据时间计划做出适当的浮动,在执行送别任务时,要保证能够提前到场、最后离场,在发生特殊情况时能够见机行事。

负责接待工作的人员不得以任何借口迟到、早退或拖延时间,更不允许擅自改动,如果确实必要,要与客人及时通报并获得同意后再执行。

#### 4.7.1.3 做好完全准备工作

现在倡导简捷的迎送接待礼仪,不提倡前呼后拥、人海战术。在送别规模上要加以限制,重点突出实效、体现热情,严格限制参加人数、主人身份、车辆档次与数量等,不要铺张浪费。

接待人员应事先安排好送别来宾所要使用的交通工具,并做适当的突发事件准备,以备不时之需。

## 4.7.2 送客的礼节

客户提出告辞,要做挽留,如果客户要走,则不必再三勉强。有时客户的告辞是试探性的,是对主人是否高兴继续谈下去的观察。所以,当客户提前告辞时,切不可急于起身送客。

一定要等客人先起身后自己再相送,同时随行人员也应起身道别,送客应送到门口或电梯口(等电梯门关后再走),对年长或上级应送至楼下或车门边,再握手道别,同时要目送客人远去,如果客人回首招呼应举手或点头示意,直至不见身影方回来。

## 4.7.3 送客的形式

根据来宾的重要程度和本地、外地的区别,送客可以采用不同的形式。本地来宾一般在办公室道别,对外地来宾可以为其设宴饯别或者专程送来宾离开本地。

### 4.7.3.1 办公室道别

在办公室道别要由来宾先提出,当来宾提出告辞时,主人应当在对方起身之后再站起来。宾主双方握手道别时,应由客人先伸手,主人随后伸手。如果与对方常有来往,主人可以送到办公室门口或电梯门口;如果对方是初次来访,主人应该适当送远些,至少由接待人员送至办公区域之外。

### 4.7.3.2 设宴饯别

设宴饯别是指主人为来宾专门举行一次饯别宴会,这是对外地客人常用的送别方式。饯别宴可以视对方的情况和饮食喜好来安排,一切应该以客人为主。

(1)饯别时间

一般选择在客人离开的前一天。主人应该预约来宾的时间,并以来宾的时间为主,不要打乱对方的行程安排或者影响到对方的休息。

(2)人员选择

参加饯别宴的人员应该选择与客户身份、职位相似者以及相关部门的工作人员。

(3)饯别时的话题

饯别并不是以吃饭为主,有些话题是主人应该提到的。如主人可以谈及此次商务会面的深刻印象,以表达惜别之意;询问来宾此行的意见或建议;问候来宾有无需要帮忙的事情等。

> **达人秘诀**
>
> 在饯别宴的适当时机,应将精心准备的公司礼品送给客人,以表示主人的热情。

#### 4.7.3.3 专程送行

专程送行是指当外地的重要来宾离开时，主人安排交通、人员等方面专程送客。这种送客方式尽显主人的热情与周到。

（1）送行同样要预约对方的时间，以对方的时间安排为主。

（2）送行人员也应选择与客户身份、职位相似者，或相关部门的工作人员。

（3）如果对方有自己的专用车辆，送别地点可以选择在来宾的住所；如果对方没有专用的车辆，主人应该为其安排好车辆，一直送至机场或者车站，并帮助客人处理好搬运行李、托运行李等相关事宜。宾主双方可以在送行地点再叙片刻。此时，主人可以送上精心准备的礼品。

（4）送行人员应该在来宾乘坐的交通工具启动以后再离开，至少在确认对方离开自己的视线以后不会有其他意外再离开。这样，如果对方的交通工具因故晚点或出现其他特殊情况，送行人员可以及时给予关照。

怀着善意的人，是不难于表达他对人的礼貌的。

——卢梭

# 第 5 章 商务通信礼仪

## 导言

众所周知,现今社会是一个信息社会。对于商务人士而言,信息就是资源,信息就是财富。目前,商务人士离不开电话和手机这两大主要通信工具来获取信息、传递信息。因此,有必要掌握一定的商务通信礼仪。

## 思维导图

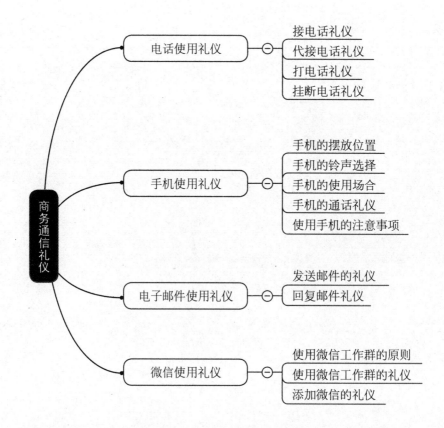

## 5.1 电话使用礼仪

电话，此处特指座机，作为现代较为便捷的通信工具，无论是在日常生活中、还是工作中都有极为广泛的应用。因而，掌握正确的、规范的电话礼仪是非常必要的。

### 5.1.1 接电话礼仪

接听电话的人虽然处于被动的位置，但是，也不能在礼仪规范上有所松懈。拨打电话过来的人可能是你的上级，可能是合作方，也可能是对你很有帮助的友人，因此，受话人在接听电话时，要注意有礼和得体，不能随随便便。

当本人接听打给自己的电话时，应注意及时接听并谦和应对，无论对方地位尊卑，都要待人以礼，具体要求如图5-1所示。

图5-1 接电话的基本礼仪

#### 5.1.1.1 及时接听

接电话的时间以电话铃响第三声为宜，如果是响第一声就接或者是响铃的间隙去接都会让对方觉得突兀；如果是铃响过三声之后还没有人接电话会让对方觉得要么你们在忙，要么就是你们公司的管理比较混乱，员工懒散到连电话都不接，不重视客户，这样的结果会严重影响到个人或者公司的形象。

#### 5.1.1.2 礼貌应对

接电话时第一声要先向对方问好，可以说："您好，您找哪位？"不能一开始就说"喂，喂"或者是说"你是谁啊，你找谁"，这样会让人觉得你很没有礼貌，很不欢迎他打的这个电话。

#### 5.1.1.3 分清主次

（1）电话铃声一旦响起，接电话就成为最紧急的事情，其他事情都可以先放一边。接听电话时，不要再与旁人交谈或者看文件、吃东西、看电视、听广播等。即使是电话铃声响起的时候你忙着别的事，在接听电话时也不要向打电话来的人说电话来得不是时候。

（2）有时候确实有无法分身的情况，比如自己正在会晤重要的客人或者在会议中，不宜与来电话的人深谈，此时可以向来电话的人简单说明原因，表示歉意，并主动约一个具体的双方都方便的时间，由自己主动打电话过去。一般来说，在这种情况下，不应让对方再打过来一次，而应由自己主动打过去，尤其是在对方打长途电话的情形中。约好了下次通话的时间，就要遵守约定，按时打过去，并向对方再次表示歉意。

（3）如果在接听电话的时候，适逢另一个电话打了进来，切记不要中断通话，而要向来电话的人说明原因，请他不要挂断电话，稍等片刻。去接另一个电话的时候，接通之后也要请对方稍候片刻或者请他过一会儿再打进来，或者自己过一会儿再打过去。等对方理解之后，再继续方才正接听的电话。

### 5.1.2 代接电话礼仪

如果电话不是找自己而是找同事，也应该礼貌地进行转接，可以说："您稍等，我帮您叫他。"在通知同事时不能隔很远就大声呼喊"×××，你的电话"，要知道对方能在电话中听到你的态度，你要表示出对同事的尊敬，这样对方才会尊敬你的同事或者是你的公司。

如果是要找的人不在，你可以礼貌地告诉他："不好意思，×××不在，您可以稍等一会再打过来吗？或者您可以告诉我您的联系方式，稍后我让他和您联系。"你可以问一下对方是否有事情需要转达，如果要求转达一定要记清楚事情内容，并在对方说完后再确定一遍。

对方如果询问同事去哪里或者是要同事的手机号码，一定不要轻易告诉对方，因为这些内容可能涉及同事的隐私。

对于打错的电话不要对对方进行指责，要礼貌地告诉对方打错了电话，并可以询问是否能够帮上对方的忙。

### 5.1.3 打电话礼仪

拨打电话的人是发话人，是主动的一方，而接听电话的一方是受话人，是被动的一方。因而在整个通话过程中，拨打电话的人起着支配作用，一定要积极塑造自己完美的电话形象。

在打电话时，必须把握住通话的时间、内容和分寸，使得通话时间适宜、内容精炼、表现有礼，具体要求如图5-2所示。

图5-2 打电话的基本礼仪

#### 5.1.3.1 时间适宜

把握好通话时机和通话时长，既能使通话更富有成效，显示通话人的干练，同时也显示了对通话对象的尊重。反之，如果莽撞地在受话人不便的时间通话，就会造成尴尬的局面，非常不利于双方关系的发展。如果把握不好通话时长，谈话过于冗长，也会引起对方的负面情绪。

打电话的时间要考虑到对方是否方便，最好在早上八点后及晚上十点前，午饭及午休期间最好也不要打电话。注意不选周一上午上班的前两个小时，不选周末、周五下班前。打电话时间不要超过三分钟，如果需要长谈，可以先询问对方是否方便或者是约定时间面谈。

#### 5.1.3.2 内容精炼

打电话时忌讳通话内容不着要领、语言啰唆、思维混乱，这样很容易引起受话人的反感。通话内容精炼简洁是对通话人的基本要求。

（1）预先准备

在拨打电话之前，对自己想要说的事情做到心中有数，尽量梳理出清晰的顺序。做好这样的准备后，在通话时就不会出现颠三倒四、现说现想、丢三落四的现象了，同时也会给受话人留下高素质的好印象。

（2）简洁明了

电话接通后，发话人对受话人的讲话要务实，在简单的问候之后，开宗明义，直奔主题，不要讲空话、废话，不要啰唆、重复，更不要偏离话题，节外生枝或者没话找话。在通话时，最忌讳发话人东拉西扯、思路不清，或者一厢情愿地认为受话人有时间陪自己聊天，共煲"电话粥"。

#### 5.1.3.3 表现有礼

拨打电话的人在通话的过程中，始终要注意待人以礼，举止和语言都要得体大度，尊重通话的对象，并照顾到通话环境中其他人的感受。

> **达人秘诀**
>
> 拨通电话后应该自报家门同时还要确定一下对方是不是自己要找的人，如果要找的人不在可以请接电话的人转告。并要记得在结束时向对方道谢。

### 5.1.4 挂断电话礼仪

要结束通化时一般要由打电话者提出，在要说的内容说完之后或者是对方已经不耐烦时应该主动提出结束通话。在挂电话时不能直接"哐"的一声将话筒扔在话机上，要注意等对方挂断电话之后自己再挂电话。

结束通话后不要马上说对方的不足，这样会让人觉得虚伪。甚至有时候电话并没有完全挂上，不妥的话会直接让对方听到。

人无礼则不生，事无礼则不成，国无礼则不守。

——孔子

## 5.2 手机使用礼仪

职场中手机使用礼仪，可以帮助我们更好地打造自身职业形象，因为无论是在社交场所还是工作场合，放肆地使用手机已经成为礼仪的最大威胁之一，手机礼仪越来越受到关注。

### 5.2.1 手机的摆放位置

在一切公共场合，手机在没有使用时，都要放在合乎礼仪的常规位置，最好不要在并没使用的时候一直拿在手里或是挂在上衣口袋外。

放手机的常规位置有：一是随身携带的公文包里，这种位置最正规。二是上衣的内袋里。也可以放在不起眼的地方，如手边、背后、手袋里，但不要放在前方的桌子上，特别是不要对着对面正在聊天的客人。

### 5.2.2 手机的铃声选择

手机不断推陈出新，除功能的不断提升外，手机彩铃也是五花八门。所谓"萝卜白菜，各有所爱"，个性铃声本无可厚非，但在公共场所，尤其是相对安静的办公场合，手机铃声的设置直接体现了使用者的公共意识程度。因此，对于手机铃声，要注意以下两点。

（1）不设置搞怪和噪声很强或具有刺激性的铃声。

（2）铃声音量尽量调小，最好选择静音或震动模式，也可以将手机呼叫转移至办公电话上。

### 5.2.3 手机的使用场合

#### 5.2.3.1 在会议或洽谈中

在会议中或与别人业务洽谈的时候，最好的方式还是把手机关掉，起码也要调到震动状态。这样既显示出对他人的尊重，又不会打断发话者的思路。而那种在会场上铃声不断，好像是业务很忙，使大家的目光都转向你，实则显示出你缺少公共意识和修养。

#### 5.2.3.2　在办公室里

在办公室，手机一般都只用来接打电话或者处理一些工作事宜，手机可以保持一般模式，但是如若没有接打电话或者信息来往，还是不要时刻拿着手机，有很多事情都可以通过电脑来完成，长时间拿着手机，领导可能会误认为你无所事事，而对你的印象分数有所折扣。

#### 5.2.3.3　特殊的使用场合

注意手机使用礼仪的人，通常不会在公共场合、座机电话接听中、开车中、飞机上、剧场里、图书馆和医院里接打手机，就是在公交车上或地铁里大声地用手机通话也是有失礼仪的。

同时，在有些公共场合特别是楼梯、电梯、路口、人行道等地方，不可以旁若无人地使用手机，应该把自己的声音尽可能地压低，而绝不能大声用手机通话。

> **达人秘诀**
>
> 在看电影时或在剧院打手机是极其不合适的，如果非得回话，可采用静音的方式发送手机短信或行至厅外通话是比较适合的。

### 5.2.4　手机的通话礼仪

给对方打手机时，尤其当知道对方是身居要职的忙人时，首先想到的是，这个时间他（她）方便接听吗？并且要有对方不方便接听的准备。在给对方打手机时，需注意从听筒里听到的回音来鉴别对方所处的环境。

（1）如果通话背景音很静，应想到对方在会议上，有时大的会场能感到一种回声。

（2）当听到大量噪声时，对方就很可能在室外，开车时的隆隆声也是可以听出来的。

有了初步的鉴别，对能否顺利通话就有了准备。但不论在什么情况下，是否通话还是由对方来定为好，所以"您现在通话方便吗？"通常是拨打手机的重要问话。

其实，在没有事先约定和不熟悉对方的前提下，我们很难知道对方什么时候方便接听电话。所以，在有其他联络方式时，还是尽量不打对方手机为好。

### 5.2.5 使用手机的注意事项

图5-3所示的几个方面是作为礼仪应该严格遵守的。

|  |  |
|---|---|
| 事项一 | 不设置搞怪、噪声很强或具有刺激性的铃声 |
| 事项二 | 不使用免提功能接听或拨打电话 |
| 事项三 | 不在接电话时大声喧哗 |
| 事项四 | 在公共场合,尽量让通话时间简短 |
| 事项五 | 特别电话应另行安排时间预约回复 |
| 事项六 | 不要在别人能注视到你的时候查看短信 |
| 事项七 | 在短信的内容选择和编辑上,应该和通话文明一样重视 |
| 事项八 | 在餐桌上,关掉手机或是把手机调到震动状态还是必要的 |
| 事项九 | 当与朋友面对面聊天时,不要正对着朋友拨打手机,避免朋友介意,让对方心中不愉快 |

图5-3 手机使用注意事项

在人与人的交往中,礼仪越周到越保险。

——托·卡莱尔

## 5.3 电子邮件使用礼仪

电子邮件已经普遍应用于当代社会,大大小小的事情都需要通过邮件,尤其是在职场,工作中收发邮件是最平常不过的事情了。而收发邮件也是很有讲究的,也有一定的规则。

### 5.3.1 发送邮件的礼仪

#### 5.3.1.1 关于发送对象

正确使用发送、抄送和密送,要区分收件人(TO)、抄送人(CC)和密送人

（BCC）。

（1）TO的人是要受理这封邮件所涉及的主要问题的，理应对邮件予以回复响应。

（2）CC的人则只是需要知道这回事，CC的人没有义务对邮件予以响应，当然如果CC的人有建议，也可以回E-mail。

（3）BCC是秘送，即收件人不会被其他收件人看到。这个可能用在非常规场合。

（4）TO，CC中的各收件人的排列应遵循一定的规则。比如按部门排列；按职位等级从高到低或从低到高都可以。

（5）只给需要信息的人发送邮件，不要随便占用他人的资源。

（6）转发邮件要突出信息，在你转发消息之前，首先确保所有收件人需要此消息。除此之外，转发敏感或者机密信息要小心谨慎，不要把内部消息转发给外部人员或者未经授权的接收人。

如果有需要，还应对转发邮件的内容进行修改和整理，以突出信息。不要将回复了几十层的邮件发给他人，让人摸不着头脑。

（7）不发送垃圾邮件或者附加特殊链接。

#### 5.3.1.2 关于主题

主题要提纲挈领，添加邮件主题是电子邮件和信笺的主要不同之处，在主题栏里用短短的几个字概括出整个邮件的内容，便于收件人权衡邮件的轻重缓急，分别处理。

（1）一定不要用空白标题，这是最失礼的。

（2）标题要简短，不宜冗长。

（3）如果对外，最好写上来自××公司的邮件，以便对方一目了然又便于留存，时间可以不用注明，因为一般的邮箱会自动生成，写了反而累赘。

（4）标题要能真实反映文章的内容和重要性，切忌使用含义不清的标题，如"王先生收"。也不要用无实际内容的主题，如："嘿"或是"收着"。

（5）一封信尽可能只针对一个主题，不在一封信内谈及多件事情，以便于日后整理。

（6）可适当使用大写字母或特殊字符（如"*！"等）来突出标题，引起收件人注意，但应适度，特别是不要随便就用"紧急"之类的字眼。

（7）回复对方邮件时，应当根据回复内容需要更改标题，不要"RE RE"一大串。

（8）最重要的一点，主题千万不可出现错别字和不通顺之处，切莫只顾检查正文却在发出前忘记检查主题。主题是给别人的第一印象，一定要慎重。

#### 5.3.1.3 关于称呼与问候

（1）恰当地称呼收件者，拿捏尺度

邮件的开头要称呼收件人。这既显得礼貌，也明确提醒某收件人，此邮件是面向他的，要求其给出必要的回应；在多个收件人的情况下可以称呼"大家好"。

如果对方有职务，应按职务尊称对方，如"×经理"；如果不清楚职务，则应按通常的"×先生""×女士"称呼，但要把性别先搞清楚。

不熟悉的人不宜直接称呼英文名，对级别高于自己的人也不宜称呼英文名。称呼全名也是不礼貌的，不要逮谁都用个"Dear ×××"，显得自来熟。

关于格式，称呼是第一行顶格写。

（2）E-mail开头结尾最好要有问候语

最简单的英文开头写一个"HI"，中文的写个"您好"或者"你好"，开头问候语是称呼换行空两格写。

结尾常见的英文写个"Best Regards"，中文的写个"祝您顺利"之类的就可以了，若是尊长应使用"此致敬礼"。注意，在非常正式的场合应完全使用信件标准格式，"祝"和"此致"为紧接上一行结尾或换行开头空两格，而"顺利"和"敬礼"为再换行顶格写。

> **达人秘诀**
>
> 俗话说得好，"礼多人不怪"，礼貌一些总是好的，即便邮件中有些地方不妥，对方也能宽容地对待。

#### 5.3.1.4 关于正文

（1）正文要简明扼要，行文通顺

① 若对方不认识你，第一件应当说明的事就是自己的身份，姓名或你代表的企业名是必须通报的，以示对对方的尊重，说明身份应当简洁扼要，最好是和本邮件以及对方有关，主要功能是为了收件人能够顺利地理解邮件来意。

有些联系方式之类与正文无关的信息应在签名档中表明。

② E-mail正文应简明扼要地说清楚事情；如果具体内容确实很多，正文应只做摘要介绍，然后单独写个文件作为附件进行详细描述。

③ 正文行文应通顺，多用简单词汇和短句，准确清晰地表达，不要出现让人晦涩难懂的语句。

（2）注意E-mail的论述语气

① 根据收件人与自己的熟悉程度、等级关系；邮件是对内还是对外性质的不同，选择恰当的语气进行论述，以免引起对方不适。

② 要尊重对方,"请、谢谢"之类的语句应经常出现。

③ 电子邮件可轻易地转给他人,因此对别人意见的评论必须谨慎而客观。

(3) 正文多用1、2、3、4之类的列表,以清晰明确

如果事情复杂,最好1、2、3、4的列几个段落进行清晰明确的说明。保持你的每个段落简短不冗长,没人有时间仔细看你没分段的长篇大论。

(4) 一次邮件交代完整信息

最好在一次邮件中把相关信息全部说清楚,说准确。不要过两分钟之后再发一封什么"补充"或者"更正"之类的邮件,这会让人很反感。

(5) 尽可能避免拼写错误和错别字,注意使用拼写检查

这是对别人的尊重,也是自己态度的体现。如果是英文E-mail,最好把拼写检查功能打开;如果是中文E-mail,还需检查不要有错别字出现。

> **达人秘诀**
> 
> 在邮件发送之前,务必自己仔细阅读一遍,检查行文是否通顺,拼写是否有误。

(6) 合理提示重要信息

不要动不动就用大写字母、粗体斜体、彩色字体、加大字号等手段对一些信息进行提示。合理的提示是必要的,但过多的提示则会让人抓不住重点,影响阅度。

(7) 合理利用图片、表格等形式来辅助阐述

对于很多带有技术介绍或讨论性质的邮件,单纯以文字形式很难描述清楚。如果配合图表加以阐述,收件人会觉得你十分体贴。

(8) 慎用表情字符

不要动不动使用":)"之类的笑脸字符,在商务信函里面这样显得比较轻佻。

#### 5.3.1.5 关于附件

(1) 如果邮件带有附件,应在正文里面提示收件人查看附件。

(2) 附件文件应按有意义的名字命名,最好能够概括附件的内容,方便收件人下载后管理。

(3) 正文中应对附件内容做简要说明,特别是带有多个附件时。

(4) 附件数目不宜超过4个,数目较多时应打包压缩成一个文件。

(5) 如果附件是特殊格式文件,应在正文中说明打开方式,以免影响使用。

(6) 如果附件过大(公司Notes要小于9MB),应分割成几个小文件分别发送。

#### 5.3.1.6 关于结尾签名

每封邮件在结尾都应签名,这样对方可以清楚地知道发件人信息。

(1)签名信息不宜过多

电子邮件消息末尾加上签名档是必要的。签名档可包括姓名、职务、公司、电话、传真、地址等信息,但信息不宜行数过多,一般不超过4行。你只需将一些必要信息放在上面,对方如果需要更详细的信息,自然会与你联系。

引用一个短语作为你签名的一部分是可行的,比如你的座右铭,或公司的宣传口号。但是要分清收件人对象与场合,切记一定要得体。

(2)签名文字

签名档文字应选择与正文文字匹配,简体、繁体或英文,以免出现乱码。字号一般应选择比正文字体小一些。

### 5.3.2 回复邮件礼仪

#### 5.3.2.1 及时回复 E-mail

收到他人的重要电子邮件后,即刻回复对方,往往还是必要的,这是对他人的尊重,理想的回复时间是2小时内,特别是对一些紧急、重要的邮件。

对每一份邮件都立即处理是很占用时间的,对于一些优先级低的邮件可集中在一特定时间处理,但一般不要超过24小时。

如果事情复杂,你无法及时确切答复,那至少应该及时回复说"收到了,我们正在处理,一旦有结果会及时回复等"。不要让对方苦苦等待,记住:应及时做出响应,哪怕只是确认一下收到了。

如果你正在出差或休假,应该设定自动回复功能,提示发件人,以免影响工作。

#### 5.3.2.2 进行针对性回复

当回件答复问题的时候,最好把相关的问题抄到回件中,然后附上答复,并进行必要的阐述,让对方一次性理解,避免反复交流,浪费资源。

#### 5.3.2.3 回复不得少于10个字

对方给你发来一大段邮件,你却只回复"是的""对""谢谢""已知道"等字眼,这是非常不礼貌的。应不少于10个字,以示你对对方的尊重。

#### 5.3.2.4 不要就同一问题多次回复讨论

如果收发双方就同一问题的交流回复超过3次,这只能说明交流不畅,说不清楚。此时应采用电话沟通等其他方式进行交流后再做判断。电子邮件有时并不是最好的交流方式。

对于较为复杂的问题，多个收件人频繁回复，发表看法，把邮件越回越多，这将导致邮件过于冗长而不宜阅读。此时应及时对之前讨论的结果进行小结、删减，突出有用信息。

#### 5.3.2.5　要区分 Reply 和 Reply All（单独回复和回复全体）

如果只需要对方一个人知道的事，单独回复给他就行了。

如果你对发件人提出的要求做出结论响应，应该Replay all，让大家都知道；不要让对方帮你完成这件事情。

如果你对发件人的提出的问题不清楚，或有不同的意见，应该与发件人单独沟通，不要当着所有人的面，不停地回复来回复去，与发件人讨论。

#### 5.3.2.6　主动控制邮件的来往

为避免无谓的回复，浪费资源，可在文中指定部分收件人给出回复，或在文末添上以下语句："全部办妥""仅供参考，无需回复"。

礼仪是微妙的东西，它既是人们交际所不可或缺的，又是不可过于计较的。

——培根

## 5.4　微信使用礼仪

微信已成为每个人生活、学习、工作中使用的重要工具，不少部门都会建立工作微信群。"工作微信群"的出现，让过去的"小型会议"可以不分时间，做到随时讨论，极大地提高了工作效率。

### 5.4.1　使用微信工作群的原则

最适合"微信工作群"的是"信息量大、透明度高但需要充分讨论"的信息，所以使用临时"微信工作群"最基本的原则就是：一群一主题，讨论结束后解散群，具体如图5-4所示。

| | |
|---|---|
| 原则一 | 要讨论什么工作，就新建一个群，把相关的人拉进来。不要在部门或公司的大群里大量讨论某一项具体工作，因为大部分人与此工作无关 |
| 原则二 | 要拉非本团队的同事进群，要事先跟人家打个招呼；要邀请其他公司的合作伙伴，一定要跟群里同事说明，以免大家不了解情况，说些不方便让外人知道的话 |
| 原则三 | 讨论结束，解散群。记住事先做好重要文件下载，并把聊天数据导出来备份 |
| 原则四 | 一般不在群里发"通知"。通知的信息量小，不需要讨论，但通常要求有回馈，最佳选择是用电子邮件通知 |
| 原则五 | 即使是讨论，最后的结果也要以电子邮件的形式，正式通知团队成员 |

图5-4　使用临时微信工作群的原则

## 5.4.2　使用微信工作群的礼仪

大多数员工对微信工作群的印象是：信息过载——大家你一言，我一语，满屏都是文字、表格、文件、语音，有价值的信息犹如大海捞针。导致这种"信息过载"的原因不是"量太多"，而是信息不规范。要解决这个问题，就要讲究微信工作群的使用礼仪，具体如图5-5所示。

| | |
|---|---|
| 礼仪一 | 信息完整地发送，一段完整的话要一次性发送。人类的阅读是成片的，如果一句句地看，不但效率低，也不容易找到重点，还易被其他人的话打断成几截。当然一段信息一般也别超过200个字，否则看起来会很累 |
| 礼仪二 | 重要的消息请打草稿，至少不要有错别字。微信沟通更类似书面沟通，太过口语化、错别字满屏，会降低沟通效率 |
| 礼仪三 | 少发语音，除非你实在时间紧迫或不方便打字，但需要事前说明 |
| 礼仪四 | 休息时间的工作沟通，尤其要有节制，只讲最紧急的问题。就算是领导也要先对打扰别人的生活表示歉意 |

图5-5　使用微信工作群的礼仪

## 5.4.3　添加微信的礼仪

微信是大家目前常用的社交工具，不管是商务还是亲朋，我们经常会遇到这样一个场景：尤其在重要社交场合，微信扫码添加好友，按照礼仪应该是谁扫谁呢？

按照礼仪"长幼有序、主客适宜"的原则，应该是"晚辈（下属、主人、低级别、乙方等）"扫"长辈（上司、客人、高级别、甲方等）"的微信。不论是晚辈还是长辈提出添加微信，晚辈都应该去扫描长辈的微信二维码。

（1）晚辈扫描二维码，需要完成扫描、添加、发送信息、等待确认的动作；而长辈只需要做提供二维码、确认通过两个动作。从操作步骤上来说，晚辈要多于长辈，这也是社交场礼仪默认的原则，"麻烦"留给自己；其次，长辈收到晚辈添加信息后，有是否通过加为好友的确认"特权"，符合长者为尊的原则。

（2）一般微信扫描二维码添加好友，提供二维码的手机处于下端，扫描者的手机处于上端，一般重要场合的场景就是提供二维码的是坐着的，扫描者是站着的。从坐和站来看，长者坐，晚辈站，长幼有序，所以提供二维码的应是长辈（尊者），扫描的是晚辈。

 **相关链接**

### 职场中使用微信的注意事项

**1. 及时回复**

使用微信进行交流可以大大地提高工作效率，但前提是要及时回复对方的信息。所以在工作中要尽量及时回复对方，如果无法及时回复也要向对方解释清楚。比如，你需要查询一下信息才能回答对方的问题，那么最好先回复一下"稍等，我需要查询一下"。

**2. 长语音令人恼**

无论是在工作中还是生活中，在发微信的时候最好是发文字，而不是语音。连续很长的语音，会降低对方与其交流的欲望。从另一个角度来将，语音在有些场合不方便听，并且也没有办法转发，这会给工作的交流带来不便。

**3. 注意交流用语**

在用微信交流时，最好要直接说明你的工作目的，像"在吗？"这样的尴尬聊起始用语就尽量不要用了。另外在收到通知的时候，也不要回复"哦""嗯"这样的句式，会让对方感到敷衍，直接回复"收到"或者"好的"就可以了；在工作讨论的时候，最忌讳的就是回复"行吧"，这会让对方觉得你没有认同他的观点，你的工作态度也是马马虎虎，所以你的回复最好能鲜明地表现出你的态度，是支持还是反对。

**4. 祝福语不要群发**

"群发的信息我不回"，这是很多人的想法。群发祝福的格式内容能让人一眼就看出来，逢年过节的时候最好不要群发祝福，这对增进彼此之间的关系，作用是微乎其微的。人与人之间的交往以诚为贵，所以在职场中，你真的想和同事或是领导搞好关系，最好单独认真地编辑祝福的话语。

**5.注意发朋友圈的内容**

工作使用的微信也要注意朋友圈的内容，在朋友圈发集赞、投票、微商等内容，时间长了容易引起他人的厌烦。尤其要注意避免发布一些负能量的内容，比如对工作和生活的不满，这些内容让同事和领导看到了会直接影响别人对自己的印象，进而怀疑你的工作热情、职业素养以及人际交往能力。

名言警句

一旦学会了眼睛的语言，表情的变化将是无限的。

——泰戈尔

# 第 6 章 商务往来礼仪

**导言**

在贸易全球化、经济全球化的当今社会，商务往来是司空见惯的事情。所以，每一位商务人士都应该了解和学习一些商务往来中的礼仪知识。

**思维导图**

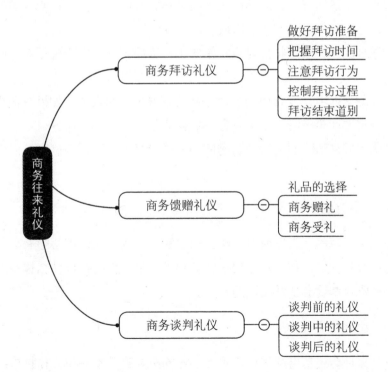

## 6.1 商务拜访礼仪

商务拜访礼仪是商务拜访中必须掌握的礼仪规范之一,是决定拜访成功与否的决定性因素之一,是个人素养的集中体现,是公司形象的有效宣传。拜访是商务交往的一种重要的方法,所以在商务拜访中,我们必须遵循一定的礼仪规范。

### 6.1.1 做好拜访准备

商务人士在拜访对方前,应做好图6-1所示的准备工作。

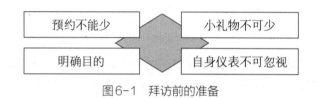

图6-1 拜访前的准备

#### 6.1.1.1 预约不能少

(1)拜访前预约是商务拜访最基本的礼貌准则。可以通过电话预约、邮件预约等方式进行预约。一般情况下,应提前三天给拜访者打电话,简单说明拜访的原因和目的,确定拜访时间,经过对方同意以后才能前往。

(2)拜访时间应该以不打扰对方正常的工作为原则,一定要根据对方的时间安排拜访的时间。

(3)在商务交往中,没有预约的贸然拜访是很失礼的表现。如果有很重要的事情必须拜访,一定要在第一时间表示歉意并解释清楚。

(4)在确定好拜访时间之后拜访的前一天或者当天可以再次确定,以防对方临时有事。

#### 6.1.1.2 明确目的

拜访必须明确目的,出发前对此次拜访要解决的问题应做到心中有数。例如,你需要对方为你解决什么,你对对方提出什么要求,最终你要得到什么样的结果等,这些问题的相关资料都要准备好,以防万一。

#### 6.1.1.3 小礼物不可少

无论是初次拜访还是再次拜访,表达心意的小礼物都不能少。礼物可以不昂贵但能起到联络双方感情,缓和紧张气氛的作用。所以,在礼物的选择上还要下一番苦功夫。

#### 6.1.1.4 自身仪表不可忽视

肮脏、邋遢、不得体的仪表，是对被拜访者的轻视。被拜访者会认为你不尊重他，对拜访效果有直接影响。一般情况下，登门拜访时，女士应着深色套裙、中跟浅口深色皮鞋配肉色丝袜；男士最好选择深色西装配素雅的领带，外加黑色皮鞋、深色袜子。

### 6.1.2 把握拜访时间

（1）到私人住宅拜访一般安排在晚上七点半到八点，或者节假日的前夕；到办公室拜访最好安排在星期二到星期五之间。

（2）陌生拜访选择上班的时间，尽量在星期二到星期五之间，拜访控制在15～30分钟为佳。

（3）私人住宅拜访最重要的一点就是避开对方的休息、吃饭时间。一般情况，上午9～10点钟，下午3～4点钟或晚上7～8点钟是较适宜的时间。

（4）已经预约好的时间，在拜访的时候必须遵守，最好是提前5分钟到，也不要太早到，更不能随意更改时间。

> **达人秘诀**
>
> 如果因故不能如期赴约，必须提前通知对方，以便被拜访者重新安排工作。通知时一定要说明失约的原因，态度诚恳地请对方原谅，必要时还需约定下次拜访的日期、时间。

### 6.1.3 注意拜访行为

商务拜访中，一个人的行为举止既体现他的道德修养、文化水平，又能表现出他与别人交往的诚意，更关系到一个人形象的塑造，甚至会影响到企业的形象。

#### 6.1.3.1 拜访敲门礼仪

敲门是商务拜访中的礼仪细节，敲门的好坏可能关系到拜访的成功与否，更是关系公司形象或者个人素养的重要细节因素。正确的敲门礼仪不仅是对他人的尊重，也是对自己的尊重。敲门最适当的做法应该是先敲三下，没有反应，隔一会，再敲。

敲门的声音要有节奏而且要控制得当。不要太重；不能用拳头捶门；不能用手掌砸门；更不能用脚踢门。

敲门后听到里面有人过来，自觉地后退几步以便里面的人开门。这样的好处是方便对方看清楚来访者是谁，要不要开门。即使门是开着的，也应该有礼貌的进行敲门，以便提醒对方有来访者。

#### 6.1.3.2 就座礼仪

（1）如果主人是长者或有一定的地位，应等主人坐下或招呼你坐下后方可落座。

（2）坐下后不要随意挪动椅子、腿脚不停地抖动。女士着裙装入座时，应用手将裙装稍稍拢一下，不要坐下后再站起来整理衣服。

（3）在正式场合与人会面时，不可以一开始就靠在椅背上。就座时，一般坐满椅子的三分之二，不可完全坐满椅子，也不要坐在椅子边上过分前倾。

#### 6.1.3.3 细节注意

（1）随身携带的物品一般按照主人的安排放置为宜；如果是随身携带的公文包，最好不要放在双方交谈的桌子上面；如果是冬天，在交谈之前最好脱去外面的大衣放在指定的位置，如果不清楚可以询问接待人员。

（2）当按时到达预约地点，要拜访的人正好在会客或正在处理紧急事务而一时不能脱身时，应耐心地等待。即使等候的时间较长，也不要流露出不耐烦的样子。

（3）见面之后，热情的问候对方是必须的。

（4）对于对方或者对方公司接待送上的茶水，均应该从座位上起身，双手接过来，并表示感谢。

### 6.1.4 控制拜访过程

#### 6.1.4.1 控制交谈时间

如果双方在拜访前已经设定了拜访时间，则必须把握好已规定的时间，如果没有对时间问题做具体要求，那么就要在最短的时间里讲清所有问题，然后起身离开，以免耽误被拜访者处理其他事务。

拜访中，尤其是初次拜访，时间应该控制在15～30分钟；最长的拜访时间，通常也不应该超过两个小时。

重要的商务拜访，双方会提前确定拜访的时间以及长度。在这种情况下，就务必要严守时间约定了，决不能单方面的延长拜访的时间或者推迟时间。

拜访者要是提出告辞时，即使被访者表示挽留，仍需要决意离开。

#### 6.1.4.2 控制交谈内容

商务拜访中交谈的内容应该清晰、简短、明了。

（1）拜访来意

初次和客户见面时，在对方没有接待其他拜访者的情况下，我们可用简短的话语直接将此次拜访的目的向对方说明。

（2）自我展现

正式的商务拜访中，应该想办法在客户面前展现自我，赢得客户的关注。

（3）投其所好

在最短的时间内，抓住对方的心理，投其所好，就对方喜欢的话题进行交谈。

#### 6.1.4.3　控制交谈范围

交谈要集中于正题，少说或不说废话。要认真聆听对方讲话，并注意对方情绪的变化，适时而恰当地应对，不要用争辩和补充说明打断对方的话。

### 6.1.5　拜访结束道别

商务拜访必须做到善始善终，应该把握图6-2所示的几点。

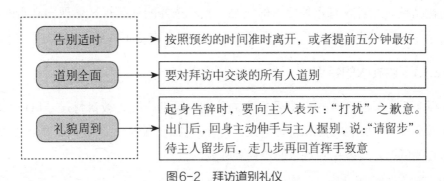

图6-2　拜访道别礼仪

> **达人秘诀**
>
> 　　与主人道别出门后应请主人就此留步。有意邀主人回访，可在同主人握别时提出邀请。从对方的公司或家里出来后，切勿在回程的电梯及走廊中窃窃私语，以免被人误解。

名言警句

> 礼仪又称教养，其本质不过是在交往中对于任何人不表示任何轻视或侮蔑而已。谁能理解并接受了这点，又能同意以上所谈的规则和准则并努力去实行它们，他一定会成为一个有教养的绅士。
>
> ——洛克

## 6.2　商务馈赠礼仪

互送礼品是一种礼仪的体现，也是一种感情的传递，能使双方之间架起一个互通的桥梁。得体的馈赠恰似无声的使者，给交际活动锦上添花，给人们之间的感情和友谊注入新的活力。

### 6.2.1 礼品的选择

礼品可以分为图6-3所示的两种。

图6-3 礼品的分类

礼品的选择是一门艺术，无论礼品是赠予个人还是公司，都要选择合适的礼品。最好的礼品是能让对方有意外惊喜的物品，精心选择的礼品可以体现出高贵的品位，当然选择礼品也不可超过预算。如何选择礼品，要考虑以下几点。

#### 6.2.1.1 收礼人的特点

选择商用礼品时首要应考虑受礼方的性别、婚姻状况、教育背景、风俗习惯等。最好选择那种具有鲜明特点和特定意义，符合礼仪规范的礼品。这样，既不会增加收礼人的心理负担，又能受到对方的重视和喜爱。

#### 6.2.1.2 收礼人的喜好

选择礼品，应尽量满足对方的兴趣与爱好。不过在选择礼品时也要量力而行。如果仅仅为了投其所好，超越了企业、公司的承受能力，不仅没有必要，而且会让对方认为此行为是另有所图，不敢或不便接受所赠礼品，即使接受也会于心不安。

#### 6.2.1.3 送礼的目的

选择礼品时，还要考虑送礼的目的。如选择的礼品是用于迎接客户还是送别，是慰问探望还是祝贺感谢，是节假良辰还是婚丧喜庆等。目的不同，用途不同，礼品的意义也不同。

#### 6.2.1.4 与收礼人的关系

在选择礼品时，还应根据自己与收礼人之间的关系做出选择。通常，商务人员代表本企业、公司为客商选择礼品时，主要侧重于礼品的精神价值和纪念意义。商务人员在涉外交往中更要注意礼品的选择。一般情况下，第一次拜访和赠送外国客商礼品，给对方具有中国特色的礼品是非常受欢迎的。

>  **相关链接**
>
> **商务礼品禁忌**
>
> 　　选择与赠送礼品时,特别要注意避开各国、各地的禁忌。所谓禁忌,是指因为种种原因而对某些事物所产生的顾忌。在选择礼品时绝对不能赠送触及对方禁忌的礼品。
>
> **1. 忌送有违国家规定的礼品**
>
> 　　商务人员在选择与赠送礼品时,首先要遵守国家规定,不能选择违法违规的物品当作礼物送给客商。
>
> **2. 忌送有违民俗的礼品**
>
> 　　在西方一些地区,忌数字"13",因此赠送礼品数目不能为"13"。在日本,忌数字"4""6""9""42",一般不赠送包含这些数字的礼品。拉美地区有些人禁忌黑色和紫色等。
>
> **3. 忌送有违个人禁忌的礼品**
>
> 　　个人禁忌一方面是指纯粹由于受赠对象个人理由所造成的禁忌;另一方面是由于风俗习惯等理由造成的。所以赠送礼品的时候一定要避开禁忌。

### 6.2.2　商务赠礼

#### 6.2.2.1　商务赠礼场合

商界往来中的礼物赠送,要特别注意选择好赠礼的场合。

(1) 当给予自己或公司关系密切的客商赠送礼品时,最好不要在对方公司等公开的场合赠送。

(2) 当逢年过节时,应给常常往来、合作的客商们赠送一些小礼物,增强联系。

(3) 商务赠礼最好选择当面赠送,尽量不要选择邮寄或者委托他人赠送。

#### 6.2.2.2　商务赠礼礼节

选择一件合适的礼品,只是赠礼的开始,如何把礼品合乎礼仪地赠送给客商,则是整个赠礼行为获得成功必不可少的环节。

无论礼品轻重、价钱如何,首先要精心包装。精美包装是礼品的重要构成部分,是最基本的礼貌,通过包装,可以反映送礼单位及个人的品位与诚意。

无论国际、国内,赠礼均需选好时机。国内赠送礼品通常选择节假良辰、婚丧喜庆之时，以表达祝贺、感谢、慰问之情。

#### 6.2.2.3 赠送得体

当面赠送礼品时，可以不附礼笺，但要注意自己的言谈举止。对于赠礼给其他城市或者国家的客商，无法当面赠送时，可以通过邮寄或委托第三方赠送礼品，但一定要用非常正式规范的语句书写礼笺。

### 6.2.3 商务受礼

#### 6.2.3.1 受礼要有礼节

商务人员接受别人的礼物时也要符合礼仪规范，当送礼者取出礼品时，接受礼物的一方应当表现得大方稳重，认真且面带微笑地注视着对方，在对方递上礼物的时候，要用双手接住，然后将礼物放在自己的左手上，将右手空出来和对方握手。

（1）如果礼物较大不是很方便的话，可以将礼物放在桌子上，然后和对方握手。同时要说一些感谢之类的礼貌用语。

（2）如果有时间的话可以当着对方的面将礼物拆封，但动作一定要轻柔文雅，以防将礼物弄坏，同时对礼物要进行一番赞美。

（3）如果礼物是由他人转交或者是邮寄的话，要在收到礼物后的第一时间通知对方礼物已收到并表示感谢。

#### 6.2.3.2 拒礼要有分寸

拒收礼品时，应保持礼貌、从容、自然、友好的态度，先向对方表达感谢之情，再向对方详细说明拒收的原因，切忌生硬阻挡，以免对方难堪。拒收礼品时可采用图6-4所示的三种方法。

图6-4 拒收礼品的方法

#### 6.2.3.3 受礼后要还礼

礼尚往来，是人之常情，也是对对方的一种重视与尊重。但要把握分寸、把握时机。

**（1）还礼的时间**

选择还礼的时间，要讲"后会有期"。最佳的选择有三：一是在对方赠送给自己礼品的同时；二是在对方或其家人的某个喜庆活动时；三是在此后登门拜访时。

> **达人秘诀**
>
> 还礼不是"还债"，要讲自觉自愿。还礼次数也不要过多，完全没有必要再三地还礼。

**（2）还礼的形式**

如果还礼的形式不对路，"还"不如"不还"。一般来说，还礼可以采取图6-5所示的三种形式。

| | |
|---|---|
| 形式一 | 赠送所受的同类物品 |
| 形式二 | 可以选择和对方相赠礼品价格差不多的物品作为还礼 |
| 形式三 | 可以用某种向对方表示尊重的方式来代替。比如，在受礼后，口头上或书面上向对方致谢；或者见面的时候使用对方的赠礼等 |

图6-5 还礼的形式

> 无礼是无知的私生子。
>
> ——巴特勒

## 6.3 商务谈判礼仪

所谓商务谈判，是指在经济活动中，以利益为目的，因为各种业务往来而进行的谈判。在商务谈判中，礼仪是重中之重。而这个礼仪，就是指在商务谈判中谈判者应遵循的基本规则，即尊重为本，善于表达，形式规范。

### 6.3.1 谈判前的礼仪

商务谈判开始之前，必须做好充分的准备。在准备过程中，洽谈的目标、策略固然重要，但礼仪方面的准备也不可忽视。而这些礼仪主要体现在以下几方面。

#### 6.3.1.1 谈判时间的选择

商务谈判时间不能由谈判一方单独做决定,需要双方商议决定,否则视为失礼。要选择对对方有利的时间进行谈判,避免双方在连续工作之后身心状态处于低潮的情况下进行谈判。

比如,夏天午饭后,人们需要休息的时候不宜进行谈判;如去外乡异地谈判,或去国外谈判,经过长途跋涉后应避免立即开始谈判,要安排充分的休整之后再进行谈判;避免在一周休息日后的第一天早上进行谈判;避免在连续紧张工作后进行谈判;避免在身体不适时进行谈判,因为身体不适,很难使自己专心致力于谈判之中;避免在人体一天中最疲劳的时间进行谈判。

现代心理学、生理学研究认为,傍晚4~6时是人一天心理上、身体上疲劳度到达顶峰的时间,人容易焦躁不安,思考力减弱、工作没有效率,因此在这个时候进行谈判是不适宜的。

#### 6.3.1.2 谈判地点的选择

谈判地点的选择,往往涉及谈判的环境心理因素的问题,有利的场所能增加自己的谈判地位和谈判力量。

人们往往会产生一种心理状况:在自己所属的领域内交谈,无需分心去熟悉环境或适应环境;而在自己不熟悉的环境中交谈,往往容易变得无所适从,导致出现正常情况下不该有的错误。所以,若能在自己熟悉的地点进行谈判,是最为理想的,但若争取不到这个地点,则至少应选择一个双方都不熟悉的中间场所,以减少由于"场地劣势"导致的错误,避免不必要的损失。

> **达人秘诀**
>
> 如果谈判次数较多,可以考虑变换谈判场所,以便缓解紧张的谈判气氛,达到最佳谈判效果。

#### 6.3.1.3 谈判人员的选择

商务谈判队伍一般来说由主谈判人、谈判助理、谈判专家和其他谈判人员组成。谈判人员的素质修养与仪表形象始终可以传达一种信息,这种信息与谈判的实质内容一起传递给谈判对象,相互影响与感染。

另外,谈判人员要注意自己的仪表。体面着装不仅是外观的悦目,也代表着高品质和受人尊敬。对于男性,应该着商务装,戴领带。对于女性,职业装是最好的选择,且不要佩戴过多的珠宝首饰。

#### 6.3.1.4 谈判资料的收集

谈判人员要关注与谈判相关的任何情况,并提前进行调查研究,收集大量的资料信息。准备谈判资料信息,主要是为了根据主题行情,评估对方的实力;调查和掌握对方的文化背景和社会风俗,了解对方的法律制度,以便在谈判中掌握主动权。

### 6.3.2 谈判中的礼仪

#### 6.3.2.1 介绍礼仪

首先,要了解介绍人和第三方是不是想相互了解和认识。然后,要澄清被介绍人与介绍人的关系,这样被介绍人和第三方容易相互理解并且建立信任。最后,要注意介绍顺序。

一般介绍中,应首先介绍女性和高级职位人士。在较正式的谈判场合,介绍的先后顺序是,按照地位高低,逐个介绍;若地位平等,则应先介绍年长的。被介绍到的人应起立并微笑示意,注意使用礼貌用语。若备有名片,可适时递上。在介绍中,通过体态语要比用手指指点点显得更加礼貌。

#### 6.3.2.2 握手礼仪

见面时应注意握手的礼仪。如谈判时要注视对方,使对方感到你的态度认真诚恳,被你关注。同时手势应自然,切忌双臂交叉在胸前,以免给人以轻浮傲慢的感觉。握手的时间既不能太短也不能太长。当你和其他人握手的时候,要看着别人的眼睛且要面带微笑,而不是盯着别人看。一般的,国际上握手时间一般为三秒钟即可。当然也有例外的时候,比如当签署一份重要的协议或者谈判成功的时候,握手的时间可以比往常稍长一些。

#### 6.3.2.3 座次礼仪

商务谈判时,按照参加谈判的团体个数可分为双边谈判和多边谈判。双边谈判一般采用长方形的桌子进行谈判。通常宾主各占一边,面对面相对而坐。长方形谈判桌一般横向对着门口,宾客对门而坐,东道主背门而坐。中间坐双方负责人,其余人员按照职务高低依次分坐左右,原则上是以右为尊;多边谈判多采用主席台,即在谈判室里面向正门设置一个主席台,其他各方人士则一律背对正门,面对主席台分别就座。各方代表上台轮流发言。此外,待座位安排好后,最好给座位摆放牌和安排礼仪小姐进行座位引导,避免坐错位置。

#### 6.3.2.4 语言礼仪

首先,谈判者要善于表达。谈判人员要常用一些委婉的言辞,紧密围绕谈判主题进行谈判。谈判中遇到阻碍时，要能够灵活采取各种适当的应急手段，摆脱困境。

其次，适当地使用肢体语言。如果赞同对方的提议，可以微笑着点点头；如果没有一次性弄明白对方的意思，可以做出迷惑的表情。

最后，要把握多听少说原则。善于倾听是人际交往的法宝。倾听可以表示对对方的尊重，还能因此获得对方大量的宝贵信息，争取时间了解对方的意图，最终找到解决办法。

#### 6.3.2.5 行为礼仪

在谈话的时候，不要用手指着别人。谈判者之间的距离不要太近也不要太远。如果你要参加别人的谈话，要说对不起。要给别人发表意见的机会。

#### 6.3.2.6 表情礼仪

表情自然是商务谈判中最重要的一个因素。在谈判时，体现的是一种互相尊重，互惠互利的原则。但是我们的表情会在谈判时不自觉地流露，会让对方觉察到自己的想法，因此，商务谈判中要尽量避免展露出自己真实的想法，当你生气或者惊讶的时候，避免使用极度夸张的表情和神色。尽量以微笑带过，眉毛不可上挑，嘴巴也不能做出轻佻的样子。

### 6.3.3 谈判后的礼仪

#### 6.3.3.1 签字仪式

双方应共同做好各种文本的准备工作，包括定稿、翻译、校对、装订等工作，并商定洽谈仪式程序和其他有关细节。签字完毕后，双方代表应同时起立，交换文本，并相互握手，祝贺合作成功。

#### 6.3.3.2 庆祝仪式

双方人员一般会在交换文本之后当场饮上一杯香槟酒，并与其他方面的人士一一干杯，这是国际上所通行的庆祝签字仪式完成的常规性做法。最后，还要在签约厅合影留念。合影结束后，应让双方最高领导及宾客先退场。

#### 6.3.3.3 赠送礼物

馈赠礼仪是商务谈判宴请前最后一项礼仪。这项礼仪相当重要且讲究。赠送礼物的主要目的除了对本次谈判顺利结束表示祝贺以外，也为了表达友好关系，达成进一步交往的愿望。之所以称其讲究，是因为只有合乎礼仪的赠送行为才能达到上述目的。比如在国际商务交往中，外国人在赠送礼物方面注重的不是礼物是否贵重，而是送礼之人是否用心挑选。因此给国际友人赠送礼物时，应避免赠送昂贵的物品，不妨挑选具有我国民族特色，而且符合对方国家吉祥意义的礼品。

总之，商务人员一定要提前了解谈判对象国家的风俗民情，避免造成不必要的误会。在国际交往飞速发展的今天，商业活动也在蓬勃发展，商务谈判桌上的人变得越来越国际化，商务礼仪也不再局限于中国。总而言之，商务人士要学的不仅是和国内人员谈判的礼仪，还要学习国际礼仪。只有这样，才能真正做到在商业活动中游刃有余。

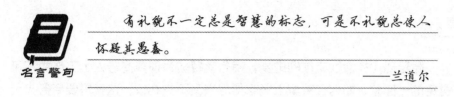

有礼貌不一定总是智慧的标志，可是不礼貌总使人怀疑其愚蠢。

——兰道尔

# 第 7 章
## 商务餐饮礼仪

**导言**

随着现代社会性交往的进步,商务就餐成为很多商务人士工作中不可避免的一部分,如何在餐桌上既吃得尽兴又不失礼仪,这就需要商务人士学会和注意餐桌上的一些礼仪。

**思维导图**

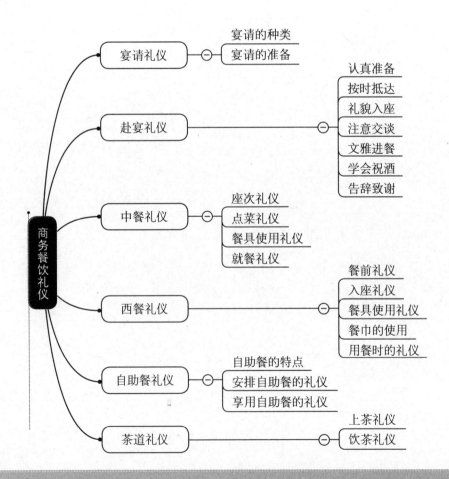

## 7.1 宴请礼仪

在商务交往中，出于各种各样的实际需要，商务人士会参加一些比较隆重的商务宴请。而在宴请过程中，一些基本的宴请技巧和礼仪规则也是十分有讲究的。

### 7.1.1 宴请的种类

国际上通用的宴请形式有宴会、招待会、茶会、工作餐等。采取何种宴请形式，一般根据活动的目的、邀请对象以及经费开支等因素来决定。每种类型的宴请均有与之匹配的特定规格及要求。

#### 7.1.1.1 宴会

宴会为正餐，入座进食，由招待员顺次上菜。宴会有国宴、正式宴会、便宴之分。按举行的时间，又有早宴（早餐）、午宴、晚宴之分。其隆重程度，出席规格以及菜肴的品种与质量等均有区别。一般来说，晚上举行的宴会较白天举行的更为隆重。

#### 7.1.1.2 招待会

招待会是指各种不备正餐较为灵活的宴请形式，备有食品、酒水饮料，通常都不排席位，可以自由活动。常见的有自助餐、酒会。

#### 7.1.1.3 茶会

茶会是一种简便的招待形式。举行的时间一般在下午四时左右（亦有上午十时举行）。茶会通常设在客厅，不用餐厅。厅内设茶几、座椅。不排席位，但如是为某贵宾举行的活动，入座时，有意识地将主宾同主人安排坐到一起，其他人随意就座。茶会顾名思义是请客人品茶。因此，茶叶、茶具的选择要有所讲究，或具有地方特色。一般用陶瓷器皿，不用玻璃杯，也不用热水瓶代替茶壶。外国人一般用红茶，略备点心和地方风味小吃。亦有不用茶而用咖啡者，其组织安排与茶会相同。

#### 7.1.1.4 工作餐

工作餐按用餐时间分为工作早餐、工作午餐、工作晚餐。是现代国际交往中经常采用的一种非正式宴请形式（有的时候由参加者各自付费），利用进餐时间商谈业务。此类活动一般只请与工作有关的人员，不请工作人员配偶。双边工作进餐往往排席位，尤以使用长桌更便于谈话。如用长桌，其座位排法与会谈桌席位安排相仿。

## 7.1.2 宴请的准备

不论宴会人数多少、规格高低,宴会前都需做大量的准备工作,需耐心细致地完成。准备工作的好坏,直接关系到宴会服务质量的高低,是宴会活动能否圆满完成的关键。因此,主办方需做好图7-1所示的宴请准备工作。

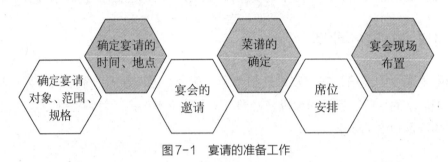

图7-1 宴请的准备工作

### 7.1.2.1 确定宴请对象、范围、规格

宴请的对象和范围取决于宴请的目的。在确定宴请的对象时,要尽量考虑到客人之间的关系,避免出现一些不愉快或是尴尬的场面。而宴请的规格则要依据出席者的身份、目的以及人数等情况确定,规格过低或过高都不妥当,过高容易浪费,过低又会显得不礼貌。

### 7.1.2.2 确定宴请的时间、地点

在决定宴请的时间和空间方面,要以宴请的目的为出发点,同时兼顾主宾各自的具体情况,在时间上要避免与生活和工作产生冲突,尽量避开对方的重大节日或禁忌日,在地点上尽量考虑交通、宴会的规格和主宾的情况。

### 7.1.2.3 宴会的邀请

邀请一般有两种形式:一种是口头的;另一种是书面形式的。口头邀请通常是当面或电话的方式将活动的目的、时间、地点等内容告知对方,然后等待对方回复,待对方同意后再来安排活动。书面邀请有请帖和便函两种方式,其中较为普遍的是请帖。

> **达人秘诀**
>
> 邀请时间通常以提前一周左右为宜,请帖发出后,应及时落实出席情况,准确记载,以安排并调整席位。

### 7.1.2.4 菜谱的确定

在确定宴会的菜谱上,要依据宴会的规格确定菜品。综合考虑宴请的目的以及客

人的身份，做到丰俭适宜。整桌菜谱要有主食和辅食，要荤素搭配，凉热菜兼具，形成一个丰富的菜谱。在确定具体的菜肴时，要选择大多数客人喜爱的口味。

#### 7.1.2.5　席位安排

在中餐宴会中，一般是以 8～12 人为一桌。若出现两桌以上的情况，则依据"面门为上，以近为大，居中为尊，以右为尊"的原则，其他的桌子则依据距离主桌的远近来安排，越近的位次越高，右边的位次高于左边的。

必要时，可以在每张桌子上面放上要宴请的客人姓名，对号入座。对于提前来的贵宾，可以先引导至休息室。

#### 7.1.2.6　宴会现场布置

宴会现场的布置要和宴会的主题相搭配。要有和主题相适应的装饰品，如壁画、油画、书法作品、花草等。宴会厅内环境要显示出高雅、协调、清洁、美观，使客人一进入宴会厅即有舒适、愉快的感觉。

在宴席上最让人开胃的就是主人的礼节。

——莎士比亚

## 7.2　赴宴礼仪

赴宴是商务人士经常性的活动之一。对于赴宴，商务人士也要注意相应的礼仪和细节。

### 7.2.1　认真准备

在收到邀请通知后，应该尽快回复是否出席，以便对方安排。一旦告知对方出席，则不能随便更改，如果出现特殊情况不能出席，则要尽早向主人解释并致歉。

在答应前往宴席之前，要和主人确认活动的相关内容或是要求，以防出现不必要的失误。在出席宴会前，通常要精心装扮，穿着大方得体。

### 7.2.2　按时抵达

准时抵达宴会是最基础的礼节。在宴请活动开始后才抵达，是对主人的不尊重，在其结束前便离开也是一种不尊重。迟到和早退都是失礼行为。

一般是客人稍早到达较为合适，而身份较高的人可以微晚到达；若是出席酒会，则在请柬中注明的时间内到达即可。

### 7.2.3　礼貌入座

在活动现场，要依照主人的安排来就座。入座时，认真地寻找座席上标有自己姓名的座位，如果旁边坐的是女性，则要绅士地给予帮助。坐下后，要注意自己的言行，保持端正的姿态。双脚要放在适当的位置，不要随意地移动餐桌上的餐具。

### 7.2.4　注意交谈

坐好后，如果桌上有茶水，可以轻轻饮用。不管是主人还是宾客，都要与同桌的客人交谈，不能只与其中的一人或两人交谈，如果不相识，则进行自我介绍。在交谈时，要把握时机，依据交谈对象的不同而谈论不同的内容，切忌夸夸其谈。

### 7.2.5　文雅进餐

一般情况下，宴会主人会先致祝酒词。作为客人要认真倾听，不能食用桌上的食物，待祝词完毕，主人便会招呼所有人开始用餐，此时才能开始用餐。

在进餐时，要注意个人举止，做到文明文雅，一次不能取菜过多；要说话时，必须待嘴里没有食物方可；剔牙时，要用手或餐巾挡住。

### 7.2.6　学会祝酒

在敬酒时，由主人先给主宾敬酒，如果人数众多，大家可以一起举杯。同时避免交叉碰杯，在祝酒和致辞的时候，其他人都要保持安静，不可饮食。主人发言完毕后，将会同贵宾祝酒碰杯，然后再去其他的位置敬酒。在与对方碰杯时，眼睛要注视对方，这是对他人的一种尊重。

> **达人秘诀**
>
> 虽然彼此间敬酒能够活跃整个餐桌的氛围，但是饮酒过度不仅不利于自身健康，还可能会在餐桌上做出失态或失礼的行为，因此要适度饮酒，不能喝酒则提前解释，但是绝对不可将杯子倒扣在桌上。

### 7.2.7　告辞致谢

在宴会结束之前，主人会发出离席的信号，让客人有个准备，随后会站起来，这也是提示所有人站起来,自己即将离席的意思。一般要以女性的行动为标准,女主人会先带女客人离席。在离开时,要礼貌地向主人表示感谢,不要在宴席中途离席,若有特殊情况,要同主人解释清楚,然后再离开。

*愉快的心情,是穿到社交界去的最好衣裳之一。*

*——萨克雷*

## 7.3 中餐礼仪

中华饮食文化,源远流长,饮食礼仪自然成为饮食文化的一个重要部分。作为商务人士,在接待客户时,大多会选择中餐。这就需要我们掌握一定的中餐礼仪。

### 7.3.1 座次礼仪

商务聚餐的第一目的,不是吃饭,而是换一个场合沟通。所以不论中餐还是西餐,你都需要知道"怎么坐"和"怎么做"。

#### 7.3.1.1 桌次排列

在中餐宴请活动中,往往采用圆桌布置菜肴、酒水。排列圆桌的尊卑次序,有两种情况。

(1)由两桌组成的小型宴请

这种情况,又可以分为两桌横排和两桌竖排的形式。当两桌横排时,桌次是以左为尊,以右为卑。这里所说的右和左,是由面对正门的位置来确定的。当两桌竖排时,桌次讲究以远为上,以近为下。这里所讲的远近,是以距离正门的远近而言。如图7-2所示。

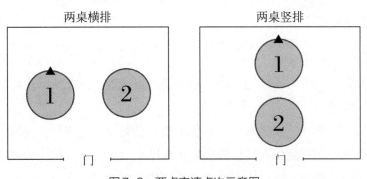

图7-2 两桌宴请桌次示意图

（2）由三桌或三桌以上的桌数所组成的宴请

在安排多桌宴请的桌次时，除了要注意"面门定位""以左为尊""以远为上"等规则外，还应兼顾其他各桌距离主桌的远近。通常，距离主桌越近，桌次越高；距离主桌越远、桌次越低。如图7-3～图7-5所示。

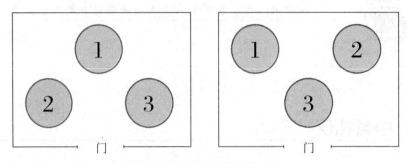

图7-3　三桌宴请桌次示意图

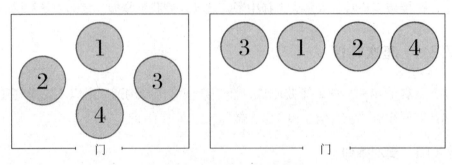

图7-4　四桌宴请桌次示意图

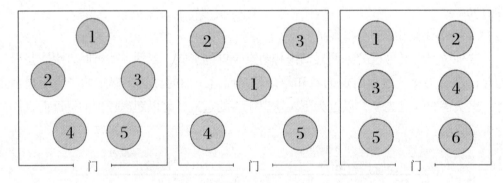

图7-5　五桌宴请及以上桌次示意图

在安排桌次时，所用餐桌的大小、形状要基本一致。除主桌可以略大外，其他餐桌都不要过大或过小。

为了确保在宴请时赴宴者及时、准确地找到自己所在的桌次，可以在请柬上注明对方所在的桌次、在宴会厅入口悬挂宴会桌次排列示意图、安排引位员引导来宾按桌就座，或者在每张餐桌上摆放桌次牌（用阿拉伯数字书写）。

#### 7.3.1.2 位次排列

宴请时，每张餐桌上的具体位次也有主次尊卑的分别。排列位次的基本方法有四条，它们往往会同时发挥作用，具体如图7-6所示。

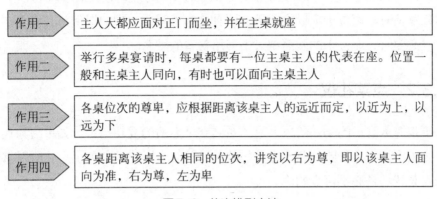

作用一　主人大都应面对正门而坐，并在主桌就座

作用二　举行多桌宴请时，每桌都要有一位主桌主人的代表在座。位置一般和主桌主人同向，有时也可以面向主桌主人

作用三　各桌位次的尊卑，应根据距离该桌主人的远近而定，以近为上，以远为下

作用四　各桌距离该桌主人相同的位次，讲究以右为尊，即以该桌主人面向为准，右为尊，左为卑

图7-6　位次排列方法

根据上面四个位次的排列方法，圆桌位次的具体排列可以分为两种具体情况，它们都是和主位有关。

（1）每桌一个主位的排列方法

每桌只有一个主位，一般遵循"面门为上""以右为尊"的原则，主人在主位上就座，第一主宾坐在主人的右手位置，第二主宾坐在主人的左手位置。其余客人按此顺序排列下去。如图7-7所示。

（2）每桌两个主位的排列方法

如果每桌有两个主位的时候，第一主人坐在面对正门的位置，第一、二主宾分别坐在其右手和左手的位置。第二主人则坐在背对正门的位置，第三、四位客人分别坐在其右手和左手的位置。如图7-8所示。

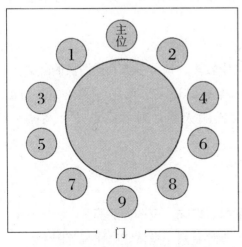

图7-7　每桌一个主位的排列方法

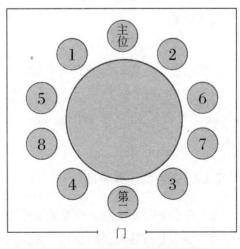

图7-8　每桌两个主位的排列方法

如果主宾身份高于主人，为表示尊重，也可以安排主宾在主人位子上坐，而请主人坐在主宾的位子上。

为了便于来宾准确无误地在自己位次上就座，除招待人员和主人要及时加以引导指示外，应在每位来宾所属座次正前方的桌面上，事先放置醒目的个人姓名座位卡。举行涉外宴请时，座位卡应以中、英文两种文字书写。中国的惯例是，中文在上，英文在下。必要时，座位卡的两面都可书写用餐者的姓名。

### 7.3.2 点菜礼仪

点菜是商务宴请的初始阶段，它关系到整个宴请的成功与否。如果因为点菜不周到而让客人不满，会影响到整个宴请的效果，甚至会影响到商务工作。所以掌握商务宴请的点菜技巧是必不可少的。

#### 7.3.2.1 谁来点菜

宴请时谁点菜很讲究，要看被请人的身份地位，以及彼此的关系。因为彼此关系、身份地位不同则点菜的方式也会不同。

如果是主人买单，先让客人点菜，然后主人再点菜；如果客人是外地来访，尽量主人点菜；如果陪同领导吃饭，千万不要因为尊重他，或是认为他应酬经验丰富，而让他来点菜，除非是他主动要求，否则，他会觉得不够体面，但要把点酒水饮料的权利留给领导。

#### 7.3.2.2 点什么菜

点菜时，一定要心中有数。点菜时，可根据以下三个规则来进行。

（1）看人员组成。一般来说，人均一菜是比较通用的规则。如果是男士较多的餐会可适当加量。

（2）看菜肴组合。一般来说，一桌菜最好是有荤有素，有冷有热，尽量做到全面。如果桌上男士多，可多点些荤食，如果女士较多，则可多点几道清淡的蔬菜。

（3）看宴请的重要程度。若是普通的商务宴请，平均一道菜在50～80元左右可以接受。如果宴请的对象是比较关键的人物，则可以点几个高端一些的菜。

#### 7.3.2.3 点菜注意事项

（1）在点菜时要注意，尽量避免重复的配料、口味、烹调方法等。

（2）要注意就餐人员的忌讳、地区口味、年龄差别、身体健康状况等因素。

（3）重点菜和口味菜需提前询问一下大家是否喜欢，尤其注意不要只点适合自己口味的菜。

（4）点菜要上档次，只需点一到两个有特色、有档次的菜，不需要每个菜都很贵。

（5）要注意客人是否有忌口——是否吃辣、是否有孕、是否服药、是否海鲜过敏等；如有老人、小孩注意点几个清淡、软烂菜。

（6）点菜时不应询问服务员菜肴的价格，或是讨价还价，这样会让客户觉得不自在。

 **相关链接**

**不同商务场合的点菜技巧**

**1.商务会谈双方初次接洽**

商务会谈双方第一次接洽宴请客户点菜的原则是体面周到。真诚、自然的表现是非常重要的。

点菜之前最好能够进行几分钟非正式的谈话，让对方先放松，打破商务工作中的僵局。

**2.商务谈判中间宴请点菜**

商务谈判中宴请要讲究档次，做到简约精致。点菜的时候主方主动点菜，或者将菜单给谈判方人员浏览，并请他们点菜。一般这些都是礼仪礼貌性的点菜，做主的人仍是主方。

**3.商务合作宴请点菜技巧**

由于有了商业目的，怎么吃饭就不再是一件简单的事情。食材都变成了一种商务工具或者说是道具。如何发挥这些道具的作用，可是大有学问的。

（1）合作中

商务合作宴请突出经济实惠，人少时，菜最好少而精；人多时，菜最好精而全。

（2）合作结束

合作结束宴请点菜原则是喜庆祥和，注意营养、色彩、口味、烹调等的有效搭配。

## 7.3.3 餐具使用礼仪

中餐与西餐相比最大的不同就是就餐所用的餐具有很大不同。中餐的餐具一般摆有一个食碟、一个汤碗、两把汤匙、一副筷子及筷子架，食碟的前面从左至右依次摆放水杯（大杯）、葡萄酒杯（中杯）、白酒杯（小杯）。如图7-9所示。

图7-9　中餐餐具摆放

#### 7.3.3.1　筷子

中餐最主要的餐具就是筷子，筷子必须成双使用。用筷子用餐取菜时，需注意图7-10所示的几个问题。

| 事项一 | 要注意筷子是用来夹取食物的，用来剔牙或用来夹取食物之外的东西都是失礼的 |
| --- | --- |
| 事项二 | 与人交谈时，要暂时放下筷子，不能一边说话，一边像指挥棒似的舞筷子 |
| 事项三 | 不论筷子上是否残留食物，千万不要去舔 |
| 事项四 | 不要把筷子竖插在食物的上面，因为在中国习俗中这是有一定忌讳的 |

图7-10　使用筷子的注意事项

#### 7.3.3.2　勺子

中餐里勺子的主要作用是舀取菜肴和食物。有时，在用筷子取食的时候，也可以使用勺子来辅助取食，但是尽量不要单独使用勺子去取菜。同时在用勺子取食物时，不要舀取过满，以免溢出弄脏餐桌或衣服。在舀取食物后，可在原处暂停片刻，等汤汁不会再往下流再移过来享用。

用餐间，暂时不用勺子时，应把勺子放在自己身前的碟子上，不要把勺子直接放在餐桌上，或让勺子在食物中"立正"。用勺子取完食物后，要立即食用或是把食物放在自己碟子里，不要再把食物倒回原处。若是取用的食物太烫，则不可用勺子舀来舀去，也不要用嘴对着勺子吹，应把食物先放到自己碗里等凉了再吃。切记不要把勺子塞到嘴里，或是反复舔食。

### 7.3.3.3 碗

中餐的碗可以用来盛饭、盛汤，进餐时，可以手捧饭碗就餐。拿碗时，用左手的四个手指支撑碗的底部，拇指放在碗端。吃饭时，饭碗的高度大致和下巴保持一致。

### 7.3.3.4 盘子

中餐的盘子有很多种，稍小点的盘子叫碟子，主要用于盛放食物，使用方面和碗大致相同。用餐时，盘子在餐桌上一般要求保持原位，且不要堆在一起。

需要重点介绍的是一种用途比较特殊的盘子——食碟。食碟在中餐里的主要作用，是用于暂放从公用的菜盘中取来享用的菜肴。使用食碟时，应注意以下事项。

（1）一般不要取放过多的菜肴在食碟里。

（2）不吃的食物残渣、骨头、鱼刺不要吐在饭桌上，而应轻轻取放在食碟的前端，取放时不要直接从嘴里吐到食碟上，而要使用筷子夹放放到碟子前端。

（3）如食碟放满了，可示意让服务员换食碟。

### 7.3.3.5 汤盅

汤盅是用来盛放汤类食物的。用餐时，使用汤盅有一点需注意的是，将汤勺取出放在垫盘上并把盅盖反转平放在汤盅上则表示汤已经喝完。

### 7.3.3.6 水杯

中餐的水杯主要用于盛放清水、果汁、汽水等软饮料。使用水杯需注意以下事项。

（1）不要用水杯来盛酒，也不要倒扣水杯。

（2）喝进嘴里的东西不能再吐回水杯里，这样是十分不雅的。

### 7.3.3.7 牙签

牙签也是中餐餐桌上的必备之物。它有两个作用：一是用于扎取食物；二是用于剔牙。但是用餐时尽量不要当众剔牙，非剔不可时，要用另一只手掩住口部，剔出来的食物，不要当众"观赏"或再次入口，更不要随手乱弹、随口乱吐。剔牙后，不要叼着牙签，更不要继续用其来扎取食物。

### 7.3.3.8 水盂

水盂，也就是盛放清水的洗手盂。它是在用餐期间，进食海鲜等带有腥味食物后，用于洗手的，盂中的水千万不能喝。洗手时，先将两手轮流沾湿指尖，然后轻轻浸入水中刷洗。洗毕，应将手置于餐桌之下，用餐巾擦干。

#### 7.3.3.9 湿巾

中餐用餐前，一般会为每位用餐者上一块湿毛巾。这块湿毛巾的作用是擦手，绝对不可以擦脸、擦嘴、擦汗；擦手后，应该把它放回盘子里，由服务员拿走。而宴会结束前，服务员会再上一块湿毛巾，和前者不同的是，这块湿毛巾是用于擦嘴的，不能用其擦脸或抹汗。

### 7.3.4 就餐礼仪

中国人一般都很讲究吃，同时也很讲究吃相。随着职场礼仪越来越被重视，商务饭桌上的吃和吃相也更加讲究。

#### 7.3.4.1 餐前洗手

中餐宴席进餐伊始，服务员送上的第一道湿毛巾是擦手的，不要用它去擦脸。上龙虾、鸡、水果时，会送上一只小水盂，其中飘着柠檬片或玫瑰花瓣，它不是饮料，而是洗手用的。洗手时，可两手轮流沾湿指头，轻轻涮洗，然后用小毛巾擦干。

#### 7.3.4.2 用餐时要注意文明礼貌

对外宾不要反复劝菜，可向对方介绍中国菜的特点。有人喜欢向他人劝菜，甚至为对方夹菜。外宾没这个习惯，若是一再客气，没准人家会反感。

#### 7.3.4.3 入席后，不要立即动手取食

入席后，不要立即动手取食，而应待主人打招呼，由主人举杯示意开始时，客人才能开始。夹菜要文明，应等菜肴转到自己面前时，再动筷子，不要抢在邻座前面，一次夹菜也不宜过多。要细嚼慢咽，这不仅有利于消化，也是餐桌上的礼仪要求。绝不能大块往嘴里塞，狼吞虎咽，这样会给人留下贪婪的印象。不要挑食，不要只盯住自己喜欢的菜吃，或者急忙把喜欢的菜堆在自己的盘子里。

#### 7.3.4.4 用餐的动作要文雅

夹菜时不要碰到邻座，不要把盘里的菜拨到桌上，不要把汤泼翻。不要发出不必要的声音，如喝汤时"咕噜咕噜"，吃菜时嘴里"叭叭"作响，这都是粗俗的表现。不要一边吃东西，一边和人聊天。嘴里的骨头和鱼刺不要吐在桌子上，可用餐巾掩口，用筷子取出来放在碟子里。掉在桌子上的菜，不要再吃。进餐过程中不要玩弄碗筷，或用筷子直向别人。不要用手去嘴里乱抠。不要让餐具发出任何声响。

#### 7.3.4.5 餐后事宜

用餐结束后，可以用餐巾、餐巾纸或服务员送来的小毛巾擦擦嘴，但不宜擦头颈或胸脯；餐后不要不加控制地打饱嗝；在主人还没示意结束时，客人不能先离席。

不要因为你自己没有胃口而去责备你的食物。

——泰戈尔

## 7.4 西餐礼仪

在日常生活中，人们吃西餐可能比较随意。但作为商务人士，如果需要出入正式的国际性场合，就需要了解和学习西餐礼仪，以体现自己的综合素养。

### 7.4.1 餐前礼仪

#### 7.4.1.1 事先预约

越高档的饭店越需要事先预约。预约时，不仅要说清人数和时间，也要表明是否需要隐蔽或视野良好的座位。如果是生日或其他特别的日子，可以告知宴会的目的和预算。

> 达人秘诀
>
> 在预定时间内到达，是基本的礼貌。

#### 7.4.1.2 穿着得体

再昂贵的休闲服，也不能随意穿着进入西餐厅。吃饭时穿着得体是欧美人的常识。去高档的餐厅，男士要穿着整洁的上衣和皮鞋；女士要穿套装和有跟的鞋子。

如果指定需穿正式服装的话，男士必须打领带，进入餐厅时，男士应先开门，请女士进入。应请女士走在前面。入座、点餐时，都应让女士优先。特别是团体活动，更别忘了让女士们走在前面。

### 7.4.2 入座礼仪

#### 7.4.2.1 入座的基本要求

（1）进入西餐厅后，需由服务生带领入座，不可贸然入座。

（2）就座时，由左侧进入，慢慢拉开椅子，慢慢坐下，身体要端正、手肘不要放在桌面上，不可翘足，与餐桌的距离以两个拳头为佳，女士双脚要并拢，餐桌上已摆好的餐具不要随意摆弄。

#### 7.4.2.2 入座的座次安排

（1）座次排列的基本规则

座次排列遵照"女士优先、恭敬主宾、以右为尊、距离定位、面门为上、交叉排列"的基本规则。

（2）长桌的座次排列

长桌的座次排列如图7-11所示。

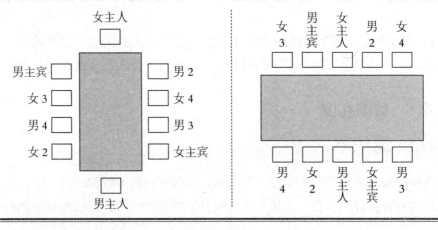

图7-11 长桌的座次排列

（3）圆桌的座次排列

圆桌的座次排列如图7-12所示。

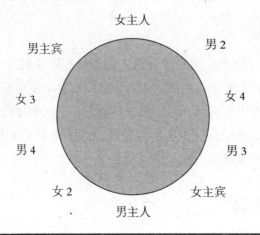

图7-12 圆桌的座次排列

（4）方桌的座次排列

方桌的座次排列如图7-13所示。

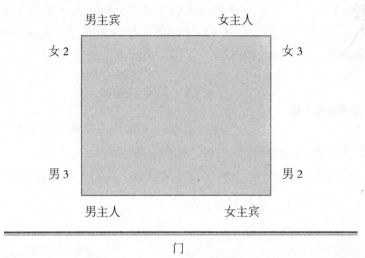

图7-13 方桌的座次排列

## 7.4.3 餐具使用礼仪

### 7.4.3.1 正式西餐的餐具摆放

在正规的西餐宴会上，西餐餐具一般如图7-14所示摆放。通常是吃一道菜换一副刀叉，所以刀叉数目与菜品数目相等，整餐下来不能用同一副刀叉或者乱用刀叉。

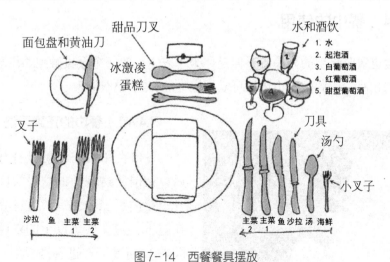

图7-14 西餐餐具摆放

### 7.4.3.2 餐具使用

（1）使用刀叉进餐时，从外侧往内侧取刀叉。

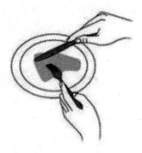

图7-15 餐具使用示意

（2）右手持刀左手持叉，切东西时左手拿叉按住食物，右手拿刀，食指在上，用力往下按将食物切成小块，每次切下的大小最好以一次入口为宜。

（3）叉如果不是与刀并用，叉齿应该向上；刀叉并用时，叉齿应该向下。如图7-15所示。

#### 7.4.3.3 刀叉的摆放

（1）刀右、叉左，刀口向内、叉齿向下，呈"八字形"摆放在餐盘之上，表示暂停用餐。如图7-16所示。

（2）刀口向内、叉齿向上，刀右叉左并排纵放，或刀上叉下横放在餐盘里表示用餐完毕。如图7-17所示。

图7-16 暂停用餐

图7-17 用餐完毕

### 7.4.4 餐巾的使用

餐巾是进餐时重要的用品，不但是你坐下来之后第一个会接触到的用品，也是离席时最后的用品。因此从餐巾用法可以看出你的餐桌文化造诣。

#### 7.4.4.1 餐巾的正确用法

图7-18 餐巾的正确用法

餐巾在用餐前就可以打开。点完菜后，在前菜送来前的这段时间把餐巾打开，往内折三分之一，让三分之二平铺在腿上，盖住膝盖以上的双腿部分。如图7-18所示。在进餐过程中，使用餐巾应注意以下事项。

（1）用餐巾擦拭嘴巴时，只要单手拿起餐巾的一角，轻轻地按压嘴角就行。

（2）喝酒前，用餐巾按一下嘴唇，免得油污和口红在酒杯上留下印迹。

（3）不小心吃到小骨头时，也用餐巾掩口再取出来。

（4）忍不住咳嗽、打喷嚏时，将脸侧向一边，用餐巾遮掩一下。

（5）除了擦脸、擦汗之外，餐厅一切都要用餐巾。

（6）餐巾不可以像围兜似的挂在胸前。

#### 7.4.4.2 离席时餐巾的摆法

餐毕离开时要等主人或是女士将餐巾放在桌上后，才将自己的餐巾放到桌上。此外，餐巾是拭脏的用具，所以当其他人仍在享受食物时，不应该将玷污的餐巾放在桌上。

最后要离席时的餐巾不必折整齐，正确摆法是放在咖啡杯的左边。若只是暂时离席，可将餐巾放置座椅上，不用折整齐，表示你只是暂时离开，之后会回座位。

### 7.4.5 用餐时的礼仪

#### 7.4.5.1 喝汤的方法

喝汤时不能吸着喝。先用汤匙由后往前将汤舀起，汤匙的底部放在下唇的位置将汤送入口中。汤匙与嘴部呈45度角较好。身体的上半部略微前倾。碗中的汤剩下不多时，可用手将碗略微抬高。如果汤是用有握环的碗装，可直接拿住握环端起来喝。

#### 7.4.5.2 面包的吃法

先用两手撕成小块，再用左手拿来吃。吃硬面包时，用手撕不但费力而且面包屑会满处掉落，此时可用刀将硬面包切成两半，再用手撕成块来吃。避免像用锯子似的割面包，而应把刀刺入面包后切。

> **达人秘诀**
> 
> 切时可用手将面包固定，避免发出声响。

#### 7.4.5.3 鱼的吃法

鱼肉极嫩易碎，因此西餐厅常不备餐刀而备专用的汤匙。这种汤匙比一般喝汤用的稍大，不但可切分菜肴，还能将调味汁一起舀起来吃。若要吃其他混合的青菜类食物，还是使用叉子为宜。首先用刀在鱼鳃附近刺一条直线，刀尖不要刺透，刺入一半即可。将鱼的上半身挑开后，从头开始，将刀叉在骨头下方，往鱼尾方向划开，把针骨剔掉并挪到盘子的一角。最后再把鱼尾切掉。由左至右，边切边吃。

#### 7.4.5.4 肉的吃法

从左侧或外侧开始切，切一块吃一块，不可一开始就把肉切成一块一块的。点缀的蔬菜也要吃完。

#### 7.4.5.5 酒杯的握法

酒类服务通常由服务员负责将少量酒倒入酒杯中，让客人鉴别一下品质是否有误。只需把它当成一种形式，喝一小口并回应。接着，侍者会来倒酒，这时，不要动手去拿酒杯，而应把酒杯放在桌上由侍者去倒。正确的握杯姿势是用手指轻握杯脚。为避免手的温度使酒温增高，应用大拇指、中指、食指握住杯脚，酒杯端起时小指放在杯子的底台固定。如图7-19所示。

图7-19 酒杯的握法

#### 7.4.5.6 喝酒的方法

喝酒时绝对不能吸着喝，而是倾斜酒杯，像是将酒放在舌头上似的喝。喝前轻轻摇动酒杯让酒与空气接触以增加酒的醇香，但不要猛烈摇晃杯子。此外，一饮而尽，边喝边透过酒杯看人，都是失礼的行为。女士不要用手指擦杯沿上的口红印，用面巾纸擦较好。

欢乐的气氛能使一盘菜变得像一个宴会。

——赫伯特

## 7.5 自助餐礼仪

在商务交往中，自助餐也是一种不错的聚餐选择。作为一种交际活动，在满足个性的同时，自助餐也有其自己的礼数。

### 7.5.1 自助餐的特点

自助餐是近年来借鉴西方的现代用餐方式。它不排席位，也不安排统一的菜单，把能提供的全部主食、菜肴、酒水陈列在一起，根据用餐者的个人爱好，自己选择和享用。

采取这种方式，可以节省费用，而且礼仪讲究不多，宾主都方便；用餐的时候每个人都可以自由活动、随意交际。在举行大型活动，招待为数众多的来宾时，常常采用。

具体来说，自助餐具有图7-20所示的特点。

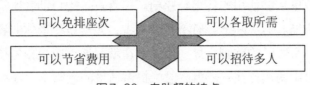

图7-20　自助餐的特点

## 7.5.2　安排自助餐的礼仪

主办自助餐宴会时，主人要注意以下几个礼仪方面的问题。

### 7.5.2.1　就餐的时间

在商务交往之中，依照惯例，自助餐大都被安排在各种正式的商务活动之后，作为其附属的环节之一，而极少独立出来，单独成为一项活动。也就是说，商界的自助餐多见于各种正式活动之后，用以招待来宾的项目之一，而不以此作为一种正规的商务活动的形式。

因为自助餐多在正式的商务活动之后举行，故而其举行的具体时间受到正式的商务活动的限制。不过，它很少被安排在晚间举行，而且每次用餐的时间不宜长于一个小时。

根据惯例，自助餐的用餐时间不必进行正式的限定。只要主办方宣布用餐开始，大家就可开始就餐。在整个用餐期间，用餐者可以随到随吃，用餐者只要自己觉得吃好了，在与主办方打过招呼之后，随时都可以离去。通常，自助餐是无人出面正式宣告其结束的。

一般来讲，主办单位假如预备以自助餐形式招待来宾，最好事先以适当的方式对其进行通报。同时，必须注意一视同仁，即不要安排一部分来宾用自助餐，而安排另外一部分来宾去参加正式的宴请。

### 7.5.2.2　就餐的地点

选择自助餐的就餐地点，要既能容纳下全部就餐人员，又能为其提供足够的交际空间。一般来说，自助餐安排在室内外进行皆可。通常，自助餐大多选择在主办单位所拥有的大型餐厅、露天花园内进行。有时，也可租或借与此相类似的场地。

在选择、布置自助餐的就餐地点时，有下列三点事项应予以注意。

（1）要为用餐者提供一定的活动空间。除了摆放菜肴的区域之外，在自助餐的就餐地点还应划出一块明显的用餐区域。这一区域，不要显得过于狭小。考虑到实际就餐的人数往往具有一定的弹性，实际就餐的人数难以确定，所以用餐区域的面积宁肯划得大一些。

（2）要提供数量足够使用的餐桌与座椅。尽管真正的自助餐所提倡的，是就餐者自由走动，立而不坐。但实际上，有不少就餐者，尤其是年老体弱者，还是期望在其就餐期间，能有一个暂时的歇脚之处。因此，在就餐地点应当预先摆放好一定数量的桌椅。供就餐者自由使用。在室外就餐时，提供适量的遮阳伞，往往也是必要的。

（3）要使就餐者感觉到就餐地点环境宜人。在选就餐地点时，不只要注意面积、费用问题，还须兼顾安全、卫生、温湿度等问题。要是用餐期间就餐者感到异味扑鼻、过冷过热、空气不畅，或者过于拥挤，显然都会影响到来宾对主办方的整体评价。

#### 7.5.2.3 食物的准备

自助餐中为就餐者提供的食物，既要有其共性，又要有其个性。

其共性在于，为了便于就餐，以提供冷食为主；为了满足就餐者的不同口味，应当尽可能地使食物在品种上丰富而多彩；为了方便就餐者进行选择，同一类型的食物应被集中在一处摆放。

其个性在于，在不同的时间或是款待不同的客人时，食物可在具体品种上有所侧重。比如，以冷菜为主、以甜品为主、以茶点主、以酒水为主。除此之外，还可酌情安排一些时令菜肴或特色菜肴。

一般的自助餐上所供应的菜肴大致应当包括冷菜、汤类、热菜、点心、甜品、水果以及酒水等几大类型。具体如图7-21所示。

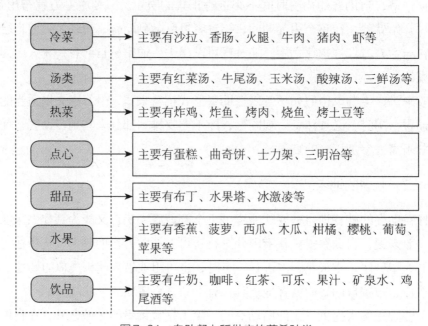

图7-21 自助餐上所供应的菜肴种类

> **达人秘诀**
>
> 在准备食物时,务必要注意保证供应充足。同时,还须注意食物的卫生以及热菜、热饮的保温问题。

#### 7.5.2.4 客人的招待

招待好客人,是自助餐主办者的责任和义务。要做到这一点,必须特别注意下列环节。

(1)要照顾好主宾。不论在任何情况下,主宾都是主人要重点照顾的对象。自助餐中也不例外,主人在自助餐中对主宾所提供的照顾,主要表现在陪同其就餐,与其进行适当的交谈,为其引见其他客人等。但也要注意给主宾留下一点供其自由活动的时间,不要始终伴随其左右。

(2)要充当引见者。在自助餐进行期间,主人要尽可能地为彼此互不相识的客人多创造一些相识的机会,并且积极充当引见者,即介绍人。需注意的是,介绍他人相识,必须提前了解双方是否有此心愿,切勿自作主张。

(3)要安排服务者。小型的自助餐,主人往往可以兼任服务者。但是,在大规模的自助餐上,是不能缺少专人服务的。在自助餐中,直接与就餐者进行正面接触的,主要是侍者。而且侍者最好由健康而敏捷的男性担任。

### 7.5.3 享用自助餐的礼仪

如果作为赴宴者,在享用自助餐时,应注意以下礼仪。

#### 7.5.3.1 要排队取菜

在享用自助餐时,尽管需要就餐者自己照顾自己,但这并不意味着可以因此为所欲为。实际上,在就餐取样时,由于用餐者往往成群结队而来的缘故,大家都必须自觉地维护公共秩序,讲究先来后到,排队选用食物。不允许乱挤、乱抢、乱插队,更不允许不排队。

在取菜之前,先要准备好一只食盘。轮到自己取菜时,应以公用的餐具将食物装入自己的食盘之内,然后即应迅速离去。

> **达人秘诀**
>
> 千万不要在众多的食物面前犹豫再三,让身后人久等,更不应该在取菜时挑挑拣拣,甚至直接下手或以自己的餐具取菜。

#### 7.5.3.2 要循序取菜

按照常识，自助餐取菜时的先后顺序依次应当是：冷菜、汤、热菜、点心、甜品和水果。因此在取菜时，最好先转上一圈，了解一下情况，然后再去取菜。

#### 7.5.3.3 要量力而行

严格来说，在享用自助餐时，多吃是允许的，而浪费食物则是不允许的。这一条，被称为自助餐就餐时的"少取"原则，也被称为"每次少取"原则。

#### 7.5.3.4 要多次取菜

在自助餐上遵守"少取"原则的同时，还遵守"多次"的原则。"多次"是指"多次取菜"。也就是说，用餐者在自助餐上选取某一种类的菜肴，可以反复地去取。每次只取少量，待品尝之后，觉得适合自己，还可以再次去取，直至自己感到吃好为止。千万不要为省事而一次取用过量，装得太多是失礼之举。

另外，在选取菜肴时，最好每次只为自己选取一种。待吃好后，再去取用其他的品种。

#### 7.5.3.5 要避免外带

所有的自助餐，都有一条不成文的规定，即自助餐只允许就餐人在用餐现场自行享用，而不允许用餐人在用餐完毕后携带食物回家。商务人士在参加自助餐宴请时，一定要牢记这一点。在用餐时不论吃多少都可以，但是千万不要偷偷往自己的口袋、皮包里装一些自己的"心爱食物"，更不要要求侍者替自己"打包"。那样的表现，必定会见笑于人。

#### 7.5.3.6 要送回餐具

自助餐中强调自助，不但要求就餐者取用菜肴时以自助为主，而且还要求在用餐结束之后，自觉地将餐具送至指定处。不允许将餐具随手乱丢，甚至任意毁损。在自助餐厅里就座用餐，有时可以在离去时将餐具留在餐桌之上，由侍者负责收拾。即便如此，也要在离去前对其稍加整理为好。不要弄得自己的餐桌上杯盘狼藉，杂乱不堪。

#### 7.5.3.7 要照顾他人

商务人士在参加自助餐宴请时，除对自己用餐时的举止表现要严加约束之外，还须与他人和睦相处，对同伴要多加照顾。在对方乐意的前提下，可以向其提出一些有关选取菜肴的建议。不过，不可以自作主张地为对方直接代取食物，更不允许将自己不喜欢或吃不了的食物给对方吃。

在用餐的过程中，对于其他不相识的用餐者，应当以礼相待。在排队、取菜、寻位以及行动期间，对于其他用餐者要主动加以谦让，不要目中无人，蛮横无理。

#### 7.5.3.8 要积极交际

一般来说，参加自助餐时，商务人士应主动寻找机会，积极地进行交际活动。首先，应当找机会与主人进行攀谈。其次，应当与老朋友叙旧。最后，还应当争取多结识几位新朋友。不应当以不善交际为由，躲在僻静之处埋头大吃，或者来了就吃，吃了就走，而不与其他在场者进行任何形式的正面接触。

礼貌是有教养的人的第二个太阳。
——赫拉克利特

## 7.6 茶道礼仪

喝茶也被称为品茗，讲究的是品尝，品茶不单是喝茶的味觉享受，也是喝茶最基本的礼仪。无论是你拜访他人还是招待他人，都是需要知道一定的茶道知识才不会失礼。

### 7.6.1 上茶礼仪

"以茶会客"是一种礼仪。主人在接洽客户时应处处以礼待人。

#### 7.6.1.1 茶具要清洁

在冲茶、倒茶之前应先用开水烫一下茶壶、茶杯，这是礼貌和卫生的表现。如果是用一次性杯子，在倒茶前要注意给一次性杯子套上杯托，以免水热烫手，让客人一时无法端杯喝茶。

#### 7.6.1.2 咨询客人的意见

上茶前，应先询问一下客人是喝茶还是喝饮料，如果喝茶习惯喝哪一种茶，并提供几种可能的选择。不要自以为是，强人所难。如果只有一种茶叶，应事先说明。可能的话，最好多准备几种茶叶，让客人可以有多种选择。

#### 7.6.1.3 端茶要得法

上茶时,应左手捧着茶盘底部,右手扶着茶盘的边缘,如点心放在客人的右前方,茶杯应摆在点心右边。上茶时应向在座的人说声"对不起",然后从客人的右方奉上,面带微笑,同时眼睛注视对方并说:"这是您的茶,请慢用!"必须要用双手给客人端茶,不能单手端茶。双手端有杯耳的茶杯时,通常是用一只手抓住杯耳,另一只手托住杯底,把茶端给客人。而不要用手抓住杯口将茶杯递给客人,这样的做法很不卫生。奉茶时应依职位的高低顺序先端给职位高的客人,再依职位高低端给自己公司的同事。

#### 7.6.1.4 茶水要适量

俗话说:"茶七酒八,茶满欺客。"因此茶水不宜太满,太满了容易溢出,把桌子、凳子、地板弄湿,还容易烫伤自己或客人的手脚,使宾主都很难为情。当然,也不宜倒得太少。倘若茶水只遮过杯底就端给客人,会使人觉得是在装模作样,不是诚心实意。

另外,茶叶也要适量。茶叶过多,茶味过浓;茶叶太少,冲出的茶缺乏味道。假如客人主动介绍自己喜欢喝浓茶或淡茶,则按照客人的口味把茶冲好。

#### 7.6.1.5 适时添茶

在客人喝茶的过程中,如上司和客户的杯子里需要添茶了,作为下属要义不容辞地去做,添茶的时候要先给客户和上司添茶,最后再给自己添。如果是在外面餐馆就餐,可以示意服务人员来添茶。

会面完毕,客人离席恭送而出后,才能收拾桌面的茶具。切忌客人未走时匆匆收拾茶具给人造成"赶客"的误会。

### 7.6.2 饮茶礼仪

作为接受款待一方,在饮茶之时也应对主人投桃报李,勿失谦恭与敬意。

#### 7.6.2.1 礼貌致谢

如果是主人,特别是女主人或者长辈上茶时,在可能的情况下,应当即身站立、双手捧接,并说:"谢谢!"不要视若不见,不理不睬。如果对方为自己上茶、续水时,自己难以起身站立、双手捧接或答以"多谢"时,到少应向其面含微笑,点头致意,或者欠身施礼。不喝的凉茶、剩茶,千万不要随手泼洒在地上。

#### 7.6.2.2 交谈过程中不要饮茶

不论是你或交谈对象正在讲话时,你要是突然转而饮茶,不但会打断谈话,而且也会显得用心不专。只有在你不是主要的交谈对象时，或是与他人的交谈告一段落之后，才可以见机行事，喝上一口茶润润嗓，细心品味。

### 7.6.2.3 要细心品味

在饮茶时要懂得细心品味。这样做，不仅体现着自身的教养，而且也是待人的一种礼貌做法。

（1）每饮一口茶后，应使其在口中稍做停留，再慢慢地咽下去，这样品茶才香。

（2）饮茶时不要大口吞咽，一饮而尽，喝得口中"咕咚咕咚"直响，茶水顺着腮帮子直流。

（3）在端起茶杯时，应以右手手持杯耳。端无杯耳的茶杯，则应以右手手握茶杯的中部。不要双手捧杯、以手端起杯底，或是用手握住茶杯杯口。

（4）饮茶的时候，忌连茶汤带茶叶一并吞入口中，更不能下手自茶中取出茶叶，甚至放入口中食之。万一有茶叶进入口中，切勿将其吐出，而要嚼而食之。

（5）饮盖碗茶时，可用杯盖轻轻将飘浮于茶水之上的茶叶拂去，不要用口去吹。

（6）茶太烫，不要用口去吹，待茶自然冷却后再饮。

（7）若主人告之所饮的是名茶，则饮用前应仔细观赏一下茶汤，并在饮用后加以赞赏。不要不予理睬，或是随口加以贬低。比如："没听过这种茶的名字""喝起来不怎么样""这茶有些走味"或是"没把好茶泡好"之类令主人不愉快的话。

> 世界上最廉价，而且能得到最大效益的一项物质，就是礼节。
>
> ——拿破仑·希尔

# 第 8 章
# 商务会议礼仪

---

**导言**

　　会议，通常是指将特定范围的人员召集在一起，对某些专门问题进行研究、讨论，有时还需做出决定的一种社会活动的形式。不论是召集、组织会议，还是参加会议，为会议服务，商务人士都有一些基本守则、规矩必须遵守。

**思维导图**

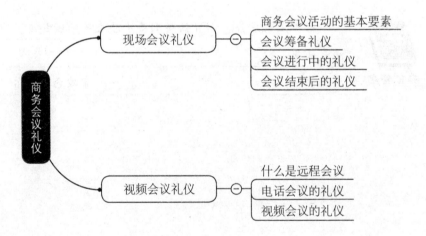

## 8.1 现场会议礼仪

作为商务人士,免不了要举办和参加各种各样的现场会议。在这种高度聚集的场合,稍有不慎,就可能有损自己和单位的形象,因此,商务人士有必要学习和掌握一定的现场会议礼仪。

### 8.1.1 商务会议活动的基本要素

商务会议活动主要包含图8-1所示的七个基本要素。

图8-1 商务会议活动的基本要素

#### 8.1.1.1 会议人员

会议人员包括图8-2所示的三类。

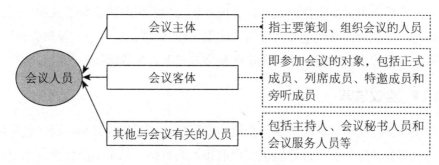

图8-2 会议人员的组成

#### 8.1.1.2 会议名称

会议的名称要求能概括并能显示会议的内容、性质、参加对象、主办单位以及会议的时间、届次、地点、范围、规模等。

比如,"××有限公司第十届(2021年度)股东会议"则显示了单位、时间、届次、范围、规模、性质、参加对象。

#### 8.1.1.3 会议议题

商务会议的议题是根据会议目的来确定并付诸会议讨论或解决的具体商务问题，是商务会议活动的必备要素。举行会议首先要明确为什么而"议"和"议"什么。

#### 8.1.1.4 会议时间

会议时间是指商务会议的召开时间和会期两方面，如图8-3所示。

会议的召开时间，指的是会议开始和结束的时间节点

会期通常是指会议期间聚会活动一次以上的会议，从开始到结束之间所需要的时间。会议可短可长，少则几分钟、十几分钟，多则数小时、几天，甚至十几天

图8-3 会议时间的含义

#### 8.1.1.5 会议地点

会议地点是指商务会议召开的举办地，也可指举行会议活动的场所。

为了使会议取得预期效果，应根据会议的性质和规模，来综合考虑会场的大小，交通情况，环境与设备是否适合等因素。

#### 8.1.1.6 会议方式

会议方式是指为了提高会议效率，实现商务目的而采取的各种形式或手段。随着通信媒体的广泛运用，有些企业已采用"虚拟实境会议"，也就是"视频会议"，还有有线电视、卫星传讯等手段，使得企业在开会方式上有多种选择。

#### 8.1.1.7 会议结果

即会议结束时实现目标的情况。会议结果可能会与预想的目标一致，也可能与预想目标有一定的差距。会议最好能达到会前预设的目标，如果不能，会议也要求至少要有会议结果，即使只是一个初步的决议或达成初步协议。通常以会议决议的形式记载下来，可以归档保存，也可以直接传达。

### 8.1.2 会议筹备礼仪

#### 8.1.2.1 约请客人

商务会议一般需要约请客人，需弄清楚所约请客人的姓名、公司名称、主营业

务、客人的职务和会议的目的。

任何约请必须明确时间、地点和会议对象,要通过一定方式给予确认,重要的客人必须亲自面请,并送交请柬备忘。

#### 8.1.2.2 商定流程

商务会议主办方应当与受约方进行充分的协商,充分尊重对方意愿,在不损害基本原则的基础上,尽可能就会议流程达成一致,并形成文本加以确认。所有会议流程形成的文本必须在与会代表报到时一并提供。

#### 8.1.2.3 落实会场

商务会议要确定好会议时间,包括开始时间、结束时间和每个流程所需要的时间段;要确定好会议的形式,在现场办公会、座谈会、观摩会、报告会、调查会、电话会等形式中确定;要根据会场交通便捷、会场容量和环境与设备是否合适等因素落实会场。

> **达人秘诀**
>
> 落实会场的同时必须注意相关配套设施与条件。

#### 8.1.2.4 安排座次

会议座次排列主要有以下两种情形。

(1)主席台座次排列

第一种情况,领导为单数时,主要领导居中,2号领导在1号领导左手位置,3号领导在1号领导右手位置。如图8-4所示。

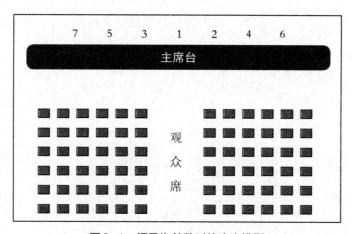

图8-4 领导为单数时的座次排列

第二种情况，领导为偶数时，1号、2号领导同时居中，2号领导依然在1号领导左手位置，3号领导依然在1号领导右手位置。可参见图8-5的座次排列图。

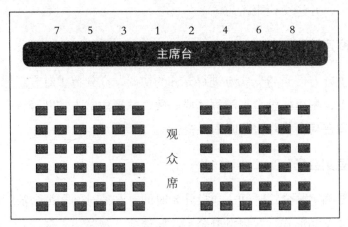

图8-5　领导为偶数时的座次排列

（2）沙发室小型会议或商务接洽座次排列

第一种情况，与外宾会谈时的座次排列如图8-6所示。

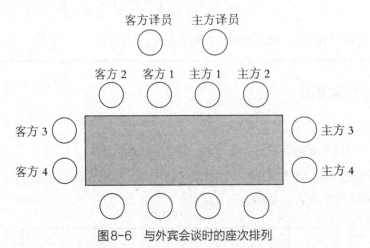

图8-6　与外宾会谈时的座次排列

第二种情况，与上级领导会谈时的座次排列如图8-7所示。

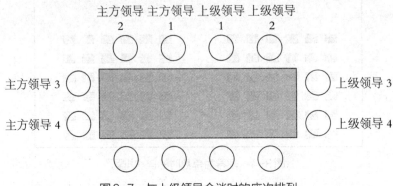

图8-7　与上级领导会谈时的座次排列

### 8.1.3 会议进行中的礼仪

#### 8.1.3.1 迎候致辞

商务会议时,主人提前到达,并在大楼正门口或者接见厅、会见室门口迎候。迎候人员为公司负责人和接待负责人。会议中,主宾双方均可致辞,一般是主人先致欢迎辞,然后由客人致答谢辞。

迎候表明了一种尊重、一种盛情和一种严谨,这是最好的商业合作伙伴具备的优秀品质。

#### 8.1.3.2 控制节奏

商务会议要注意控制会议节奏,围绕会议目的稳步推进,会议主持人要注意对会议的引导,防止会议跑题。

商务会议一定要控制节奏,但是控制节奏又不能采取过激的方式,只能采取艺术方法妥善解决。

#### 8.1.3.3 会中休息

长时间的商务会议会使人疲乏,影响会议效果,会议主持人应掌握会议节奏,注意会中适当休息。

休息时,可以设立特定的休息区,以自助方式提供甜点、水果和饮料等,休息场所还可以播放一些舒缓的音乐放松心情。

#### 8.1.3.4 赠礼合影

(1)赠礼。参加商务会议的双方致辞后,可以互赠礼品。

(2)合影。安排合影位次,主客居中,主人的右侧为上。主要会议人员可事先写好姓名,贴在座椅上。

### 8.1.4 会议结束后的礼仪

#### 8.1.4.1 回收文件

商务会议结束后,对于在会议过程中讨论的各种文本,因为不是定稿,流散出去会产生与正式文本相互矛盾的不良后果,因此,一定要注意及时、逐份回收讨论文本。

回收文件是会后议题的重要内容,也是保守商业秘密的需要。

#### 8.1.4.2 礼送客人

商务会议结束后,如果没有商务宴请,主人应将客人送至门口或车前,握手道别，目送客人离去后才可退室内。应注意每一位客人都要礼送，且根据每一位客人的实际情况有效礼送。

#### 8.1.4.3 印发纪要

商务会议结束后，一定要及时印发会议纪要。会议纪要语言简洁，要围绕商务会议取得的成果叙写，对会议明确的合作意向要明确到合作期限、合作当事人和各方的权利义务等，纪要完成后要提交会议各方签字生效。

商务会议的纪要必须各方同意，否则缺乏效力、影响实施。

#### 8.1.4.4 致函答谢

商务会议结束后，作为训练有素的接待人员，应当以公司的名义，对每一位参与商务活动的人员及时致函表示谢意，并对会议召开期间的不足表示歉意。致函由公司负责人签发，印制精美，并附有公司标识，这样可以展现公司对商务会议的慎重态度。

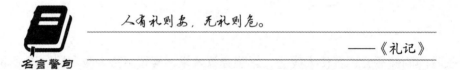

人有礼则安，无礼则危。

——《礼记》

## 8.2 视频会议礼仪

会议，作为一种传统的集会方式，其对参与者也有一定的礼仪要求，即使是远程会议，同样对参会者也有相应的要求。

### 8.2.1 什么是远程会议

远程会议是指利用现代化的通信手段，实现跨区域召开会议的目的；要召开远程会议，通常需要有通信线路、远程会议系统，当然在某些情况下还需要专业的服务以获得更好的远程会议效果。远程会议系统主要包含：电话会议和视频会议。

### 8.2.2 电话会议的礼仪

随着企业国际化和国际分工的不断深入，电话会议已经成为跨国企业商务人士最有效的沟通手段。如果参会者不了解或不能遵守电话会议的基本礼仪，势必造成会议的不和谐，甚至不能达成会议目标。

#### 8.2.2.1　电话会议准备礼仪

（1）选择一个安静的区域。电话通信受环境影响比较大，不管是在办公室或是在家里，保持你所处的环节安静不被打扰是基础，要避免因个人原因影响整个会议的质量。

（2）话机检查。参加电话会议的人员在会议开始之前要对自己的电话进行检查，确保没有任何问题，以免影响会议进行。如果使用固定电话进行电话会议，需检查线路是否受损；使用手机进行通话，需检查信号是否不受干扰，电量是否够用。

（3）制定会议基本规则。会议组织者需要在会议开始之前，申明必须遵守的基本规则，包括会议的主题、会议参加的人员、会议的时间、会议组织人员分工、会议的纪律等，以保证会议的有效进行。

#### 8.2.2.2　电话会议时的礼仪

（1）准时参加会议。在参加会议时必须要准时到场，特别是在有地区时间差的时候，参会人员更要有时间观念。

（2）做介绍的礼仪。做介绍包括会议主持人做介绍和参与会议的人员做自我介绍。在所有的参与者都已抵达后，主持人应介绍每个人，并对其做一个简短的背景介绍。有时也需要个人做自我介绍，虽然大家不能见面，然而互相介绍是建立良好关系的基础，尤其是当你的客户或客人参加电话会议时。

（3）会议发言礼仪。所有参加会议的人员要把电话会议看作是面对面的沟通，参会者在发言时一定要放松心情，按事先准备的内容，有条不紊地发表个人观点或建议，参会者在表达观点时一定要简单、清楚，避免重复询问带来的不便，发言结束后一定要向参会者表示感谢。

#### 8.2.2.3　电话会议的主要事项

（1）避免噪声。在电话会议中不要习惯性地清喉咙而发出咳嗽声，不要拿着笔敲击桌子，或者玩弄手机，甚至玩手机发出声音，都是不应该出现的。

（2）耐心倾听发言。耐心倾听，不要随意打断他人发言，是任何交谈礼仪的基本要求。即使别人和你的观点不一致，也要等到别人把话讲完你再陈述自己的观点，这是风度和素养的体现。

### 8.2.3　视频会议的礼仪

#### 8.2.3.1　会前准备

主办方应统筹部署，合理安排，兼顾地域、时间等差异，提前确认流程、会议资料等。参会人员收到通知后，应及时反馈并同步做好准备，如不能参加要及时请假。

#### 8.2.3.2 调试设备

主办方应选择适宜各方环境，具备研讨、签约等特定功能，稳定性较好的网络会议软件，组织参会各方会前进行设备调试。参会人员应熟悉网络会议操作流程，提前做好设备、网络等突发事件应急预案。

#### 8.2.3.3 着装得体

集体参与网络会议，可选择专业会议室。参会人员应着装得体，举止文明，会议期间严格遵守会议纪律，依次有序参与互动研讨。

#### 8.2.3.4 做好记录

参会各方应做好会议记录，主办方应安排专人做好录屏、重点内容截屏、信息速录等资料收集、整理和留存工作，并进行归档。形成的会议纪要应及时下发，并通过网络追踪跟进确定事项。

---

 **相关链接**

### 视频会议现场的注意事项

**1. 遵守会议秩序**

（1）会议过程中，不需要发言的会场要主动将本地会场的麦克风（MIC）关闭，保证会场安静，当需要发言时要及时打开MIC。

（2）会议过程中，需要发言讨论时，先打开MIC向主会场提出请求，得到同意后再继续发言，否则请继续保持静音。

（3）发言时，要一个人一个人的发言，不要多人同时讲话，因为全向MIC会把所有人的声音混合，远端听到的声音会非常嘈杂，听不清具体说话内容。

（4）在会议进行过程中，尽量控制会场噪声，不要在会场中随意走动。

**2. MIC发言注意事项**

（1）发言时，不必手持MIC，距MIC 0.5～2米为佳。

（2）会议开始前，应固定好MIC的位置。MIC尽量远离有噪声发出的设备，并且尽量使发言人能正对MIC，这样采集的声音质量更高，声音效果更好。

（3）会议过程中，特别是本地有人发言时尽量不要移动MIC，不要拍打MIC，或使纸张在MIC附近发出沙沙的声音。

（4）用正常的语调讲话，不要大声喊叫。讲话时姿势要自然。

**3.视频会议开会注意事项**

（1）避免穿亮色、全白或全黑的衣服，或者格子和条纹的衣服，浅色和较柔和的颜色在屏幕上的视觉效果更好。

（2）会议开始前，应调整好镜头摆放位置，设定好镜头的预置位，镜头不要摆放在逆光的位置。

（3）会议过程中，尽量不要在镜头前来回走动，不要经常遥控镜头转动。

（4）会议过程中，如果出现无故断会等情况，不要立即用遥控器呼叫其他会场，应立即打电话与主会场的操作人员联系，等待主会场的操作。

（5）不需要发送双流的会场不要将PC连接到设备上。

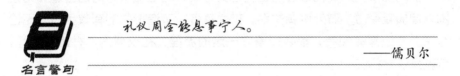

礼仪周全能息事宁人。

——儒贝尔

# 第 9 章
# 商务仪式礼仪

## 导言

仪式礼仪，是现代社会的重要社交方式，也是组织方对内营造和谐氛围、增加凝聚力；对外协调关系、扩大宣传、塑造形象的有效手段。无论是主办方还是参加者，都必须遵守一定的流程、礼仪惯例、举止和言行，这就是仪式礼仪。

## 思维导图

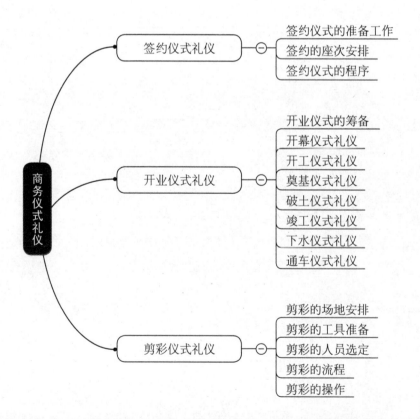

## 9.1 签约仪式礼仪

签约，即合同的签署。它在商务交往中，标志着有关各方的相互关系取得了更大的进展，双方为消除彼此之间的误会或抵触而达成了一致性见解的重大成果。为了体现合同的严肃性，在签署合同时，最好郑重其事地举行签约仪式。

### 9.1.1 签约仪式的准备工作

#### 9.1.1.1 确定参加人员

一般来说，参加签约仪式的双方或多方的人数应大致相同。但为了表示对签约的协议、协定或条约的重视，往往由更高或更多的领导人出席签约仪式，此时就不应机械地坚持"对等、相当"的原则。

#### 9.1.1.2 协议文本的准备

待签的合同文本，应以精美的白纸印刷而成，按大8开的规格装订成册，并以高档质地，如真皮、金属、软木等作为其封面。

> **达人秘诀**
>
> 签署涉外商务合同时，比照国际惯例，待签的合同文本应同时使用有关各方法定的官方语言或使用国际上通行的英文、法文，也可并用。

#### 9.1.1.3 签字场所的选择

签字仪式举行的场所，一般视参加签字仪式的人员规格、人数多少及协议中的商务内容重要程度等因素来确定。多数是选择在客人所住的宾馆、饭店，或东道主的会客厅、洽谈室作为签字仪式的场所。

#### 9.1.1.4 签约厅的布置

签约厅有常设专用的，也有临时以会议厅、会客厅来代替的。布置的总原则，是要庄重、整洁、清静。

我国举行签字仪式，一般在签字厅内设置一张长方桌，作为签字桌。桌面上盖深绿色台布，桌后放两把椅子，供双方签字人入席就座。东道主席在左边，客商席在右边。桌子上安放着今后各自保存的文件，文本前分别放置签字用的文具。签字桌中间摆有一旗架，同外商签字时旗架上面分别挂着双方国旗。

### 9.1.2 签约的座次安排

在正式签署合同时,各方代表对于礼遇均非常在意,因而商务人员应当认真对待在签字仪式上最能体现礼遇高低的座次问题。

#### 9.1.2.1 签署双边性合同

在签署双边性合同时,应请客方签字人在签字桌右侧就座,主方签字人则应同时就座于签字桌左侧。如图9-1所示。

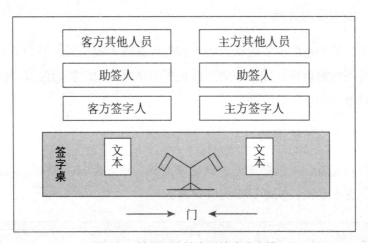

图9-1 签署双边性合同的座次安排

#### 9.1.2.2 签署多边性合同

在签署多边性合同时,一般仅设一个签字椅。各方签字人签字时,须依照有关各方的事先同意的先后顺序,依次上前签字。

### 9.1.3 签约仪式的程序

#### 9.1.3.1 宣布开始

有关各方人员进入签字厅。

#### 9.1.3.2 签字人正式签署合同文本

在签署合同文本时每个签字人在由己方保留的合同文本签字时,按惯例应当名列首位。因此每个签字人均应首先签署己方保存的合同文本,然后再交由对方签字人签字。这一做法被称为"轮换制"。

#### 9.1.3.3 签字人员正式交换签署的合同文本

此时，各方签字人应热烈握手，互致祝贺，并相互交换各自一方使用过的签字笔以示纪念。在场人员应鼓掌表示祝贺。

#### 9.1.3.4 共饮香槟酒互相道贺

交换已签的合同文本后，有关人员，尤其是签字人当场饮一杯香槟酒，是国际上通行的用以增添喜庆气氛的做法。

#### 9.1.3.5 礼毕退场

主办方宣布仪式结束后，应让双方最高领导及宾客先退场，然后东道主再退场。一般情况下，商务合同在正式签署后，应提交有关方面进行公证。此后才正式生效。仪式后，也可以安排与会者观看文艺节目、参观展览等。

凡人之所以贵于禽兽者，以有礼也。

——《晏子春秋》

## 9.2 开业仪式礼仪

开业仪式，亦称为开业典礼。是指在单位创建、开业，项目完工、落成，某一建筑物正式启用，或是某项工程正式开始之际，为了表示庆贺或纪念，而按照一定的程序所隆重举行的专门仪式。常见的开业仪式有开幕仪式、开工仪式、奠基仪式、破土仪式、竣工仪式、下水仪式、通车仪式、通航仪式等。

### 9.2.1 开业仪式的筹备

开业仪式尽管进行的时间较为短暂，但要营造出现场的热烈气氛，取得成功，也不是一件很容易的事。开业仪式筹备工作准备得是否充分，往往决定着其能否真正取得成功。因此，主办方要认真做好筹备工作。

#### 9.2.1.1 开业仪式筹备的原则

筹备开业仪式，在指导思想上要遵循如图9-2所示的原则。

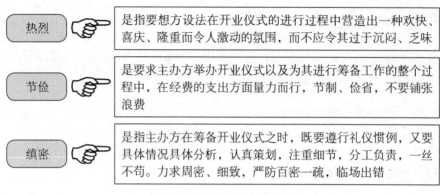

图9-2 开业仪式筹备的原则

#### 9.2.1.2 开业仪式筹备工作的开展

具体来说,筹备开业仪式时,对于舆论宣传、来宾约请、场地布置、接待服务、礼品馈赠、程序拟定六个方面的工作,尤其需要事先做好认真安排。

(1)做好舆论宣传工作。举办开业仪式的主要目的在于塑造本单位的良好形象,就少不了要对其进行必不可少的舆论宣传,以吸引社会各界的注意,争取社会公众的认可或接受。为此要做的工作一般包括图9-3所示的内容。

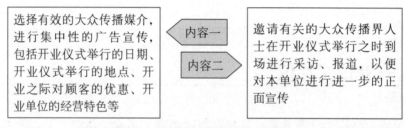

图9-3 舆论宣传工作的主要内容

(2)做好来宾约请工作。开业仪式影响的大小,实际上往往取决于来宾身份的高低与其数量的多少。在条件允许的情况下,尽可能地多邀请一些有分量的来宾参加开业仪式。

如地方领导、上级主管部门与地方职能管理部门的领导、合作单位与同行单位的领导、社会团体的负责人、社会贤达、官方媒体人员等。

> **达人秘诀**
>
> 为慎重起见,用以邀请来宾的请柬应认真书写,并应装入精美的信封,由专人提前送达对方手中,以便对方早做安排。

(3)做好场地布置工作。开业仪式多在开业现场举行,其场地可以是正门之外的广场，也可以是正门之内的大厅。场地布置工作主要包括图9-4所示的内容。

| 内容一 | 为显示隆重，可在来宾尤其是贵宾站立之处铺设红色地毯，并在场地四周悬挂横幅、标语、气球、彩带等 |
| --- | --- |
| 内容二 | 在醒目之处摆放来宾赠送的花篮、牌匾 |
| 内容三 | 提前备好来宾的签到簿、本单位的宣传材料、待客的饮料等 |
| 内容四 | 事先认真检查、调试好音响设备、照明设备，以及开业仪式举行之时所需使用的用具、设备，以防其在使用时出现差错 |

图9-4　场地布置工作的主要内容

按惯例，举行开业仪式时宾主都是站立，因此一般不布置主席台或座椅。

（4）做好接待服务工作。在举行开业仪式的现场，一定要有专人负责来宾的接待服务工作。具体内容如图9-5所示。

| 内容一 | 要教育本单位的全体员工在来宾的面前，人人都要以主人翁的身份热情待客，有求必应，主动相助 |
| --- | --- |
| 内容二 | 分工负责，各尽其职。在接待贵宾时，需由本单位主要负责人亲自出面。在接待其他来宾时，则可由本单位的礼仪小姐负责此事 |
| 内容三 | 为来宾准备好专用的停车场、休息室，并应为其安排饮食 |

图9-5　接待服务工作的主要内容

（5）做好礼品馈赠工作。举行开业仪式时赠予来宾的礼品，一般属于宣传性传播媒介的范畴。若能选择得当，必定会产生良好的效果。根据常规，向来宾赠送的礼品，应具有图9-6所示的特征。

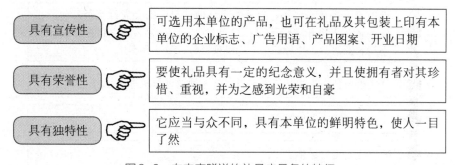

| 具有宣传性 | 可选用本单位的产品，也可在礼品及其包装上印有本单位的企业标志、广告用语、产品图案、开业日期 |
| --- | --- |
| 具有荣誉性 | 要使礼品具有一定的纪念意义，并且使拥有者对其珍惜、重视，并为之感到光荣和自豪 |
| 具有独特性 | 它应当与众不同，具有本单位的鲜明特色，使人一目了然 |

图9-6　向来宾赠送的礼品应具备的特征

（6）做好程序拟定工作。从总体上来看，开业仪式大都由开场、过程、结局三大基本程序所构成，具体如图9-7所示。

| 开场 | 过程 | 结局 |
|---|---|---|
| 即奏乐，邀请来宾就位，宣布仪式正式开始，介绍主要来宾 | 是开业仪式的核心内容，它通常包括本单位负责人讲话，来宾代表致辞，启动某项开业标志等 | 则包括开业仪式结束后，宾主一同进行现场参观、联欢、座谈等。它是开业仪式必不可少的尾声 |

图9-7 开业仪式的基本程序

**达人秘诀**

为使开业仪式顺利进行，在筹备之时，必须要认真草拟个体的程序，并选定好称职的仪式主持人。

### 9.2.2 开幕仪式礼仪

严格地讲，开幕仪式仅仅是开业仪式的具体形式之一。通常它是指公司、企业、宾馆、商店、银行正式启用之前，或是各类商品的展示会、博览会、订货会正式开始之前，所正式举行的相关仪式。每当开幕仪式举行之后，公司、企业、宾馆、商店、银行将正式营业，有关商品的展示会、博览会、订货会将正式接待顾客与观众。

#### 9.2.2.1 开幕仪式的举行地点

依照常规，举行开幕式需要较为宽敞的活动空间，所以门前广场、展厅门前、室内大厅等处，均可用作开幕仪式的举行地点。

#### 9.2.2.2 开幕仪式的主要程序

开幕仪式的主要程序如图9-8所示。

- 仪式宣布开始，全体肃立，介绍来宾
- 邀请专人揭幕或剪彩。揭幕的具体做法是：揭幕人行至彩幕前，礼仪小姐双手将开启彩幕的彩索递交对方。揭幕人随之目视彩幕，双手拉启彩索，展开彩幕。全场目视彩幕，鼓掌并奏乐
- 在主办方负责人的亲自引导下，全体到场者依次进入幕门
- 主办方负责人致辞答谢
- 来宾代表发言祝贺
- 主办方负责人陪同来宾进行参观。开始正式接待顾客或观众，对外营业或对外展览宣告开始

图9-8 开幕仪式的主要程序

### 9.2.3 开工仪式礼仪

开工仪式,即工厂准备正式开始生产产品、矿山准备正式开采矿石时,所专门举行的庆祝性、纪念性活动。

#### 9.2.3.1 开工仪式的举行地点

为了使出席开工仪式的全体人员均能身临其境,依照惯例,开工仪式大都讲究在生产现场举行。即以工厂的主要生产车间、矿山的主要矿井等处,作为举行开工仪式的场所。

#### 9.2.3.2 开工仪式的常规程序

开工仪式的常规程序主要如图9-9所示。

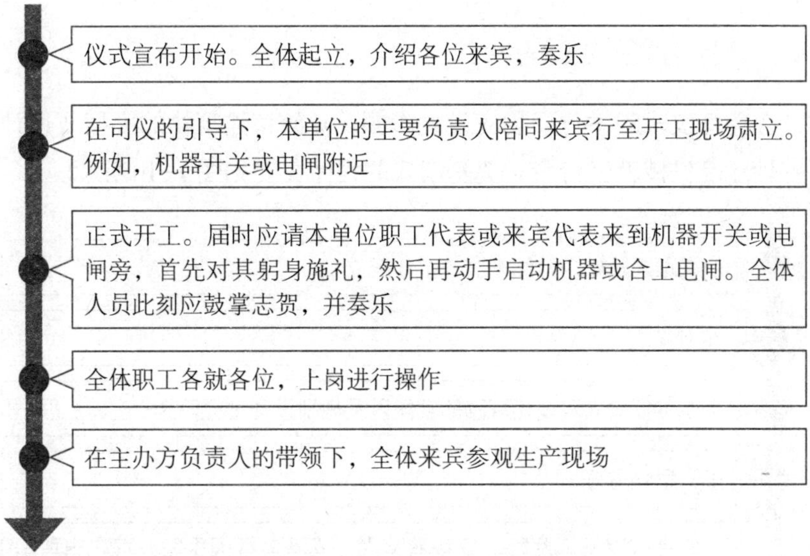

- 仪式宣布开始。全体起立,介绍各位来宾,奏乐
- 在司仪的引导下,本单位的主要负责人陪同来宾行至开工现场肃立。例如,机器开关或电闸附近
- 正式开工。届时应请本单位职工代表或来宾代表来到机器开关或电闸旁,首先对其躬身施礼,然后再动手启动机器或合上电闸。全体人员此刻应鼓掌志贺,并奏乐
- 全体职工各就各位,上岗进行操作
- 在主办方负责人的带领下,全体来宾参观生产现场

图9-9 开工仪式的常规程序

> **达人秘诀**
>
> 除司仪人员按惯例应着礼仪性服装之外,主办方全体职工均应穿着干净而整洁的工作服出席仪式。

### 9.2.4 奠基仪式礼仪

奠基仪式,通常是一些重要的建筑物。比如大厦、场馆、亭台、楼阁、园林、纪念碑等,在动工修建之初,所正式举行的庆贺性活动。

#### 9.2.4.1 奠基仪式的举行地点

奠基仪式举行的地点,一般应选择在动工修筑建筑物的施工现场。奠基的具体地点,按常规均应选择在建筑物正门的右侧。

#### 9.2.4.2 奠基石的要求

在一般情况下,用以奠基的奠基石应为一块完整无损、外观精美的长方形石料。在奠基石上,通常文字应当竖写。在其右上款,应刻有建筑物的正式名称。在其正中央,应刻有"奠基"两个大字。在其左下款,则应刻有奠基单位的全称以及举行奠基仪式的具体年月日。奠基石上的字体,大都讲究以楷体字刻写,并且最好是白底金字或黑字。在奠基石的下方或一侧,还应安放一只密闭完好的铁盒,内装与该建筑物的各项资料以及奠基人的姓名。届时,它将同奠基石一道被奠基人等培土掩埋于地下,以志纪念。

#### 9.2.4.3 奠基仪式的主要程序

通常,在奠基仪式的举行现场应设立彩棚,安放该建筑物的模型或设计图、效果图,并将各种建筑机械就位待命。奠基仪式的程序主要如图9-10所示。

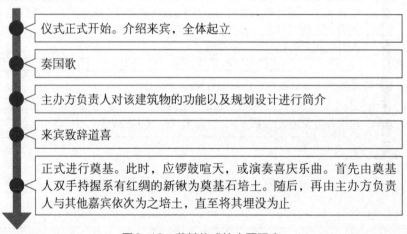

图9-10 奠基仪式的主要程序

### 9.2.5 破土仪式礼仪

破土仪式,亦称破土动工。它是指在道路、河道、水库、桥梁、电站、厂房、机场、码头、车站等正式开工之际,所专门为此而举行的动工仪式。

#### 9.2.5.1 破土仪式举行的地点

破土仪式举行的地点,大多应当选择在工地的中央或某一侧。举行仪式的现场,务必要事先进行过认真的清扫、平整、装饰。至少，也要防止出现道路坎坷泥泞、飞沙走石，或是蚊蝇扑面的状况。如果来宾较多，尤其是当高龄来宾较多时，应在现场附近临时搭建一些可供休息的帐篷或活动房屋，供来宾临时休息。

#### 9.2.5.2 破土仪式的具体程序

破土仪式的具体程序共有图9-11所示的五项。

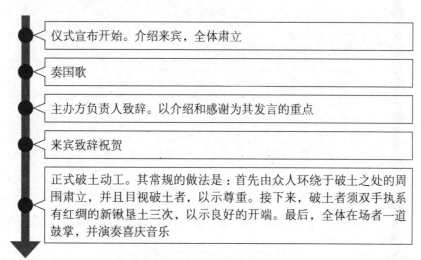

图9-11 破土仪式的具体程序

> **达人秘诀**
>
> 一般来说，奠基仪式与破土仪式在具体程序方面大同小异，而其适用范围亦大体相近。故此，这两种仪式不宜同时同地举行。

### 9.2.6 竣工仪式礼仪

竣工仪式，有时又称落成仪式或建成仪式。它是指本单位所属的某一建筑物或某项设施建设安装工作完成之后，或者是某一纪念性、标志性建筑物——诸如纪念碑、纪念塔、纪念堂、纪念像、纪念雕塑等，建成之后，以及某种意义特别重大的产品生产成功之后，所专门举行的庆贺性活动。

#### 9.2.6.1 竣工仪式的举行地点

举行竣工仪式的地点，一般应以现场为第一选择。

#### 9.2.6.2 竣工仪式的举办要求

在竣工仪式举行时，全体出席者的情绪应与仪式的具体内容相适应。

比如，在庆贺工厂、大厦落成或重要产品生产成功时，应当表现得欢快而喜悦。在庆祝纪念碑、纪念塔、纪念堂、纪念像、纪念雕塑建成时，则须表现得庄严而肃穆。

#### 9.2.6.3 竣工仪式的基本程序

竣工仪式的基本程序通常如图9-12所示。

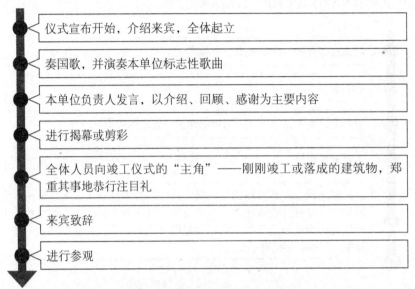

图9-12　竣工仪式的基本程序

### 9.2.7　下水仪式礼仪

所谓下水仪式，自然是指在新船建成下水之时所专门举行的仪式。具体来说，下水仪式乃是造船厂在吨位较大的轮船建造完成、验收完毕、交付使用之际，为其正式下水起航而特意举行的庆祝性活动。

#### 9.2.7.1 下水仪式的举办地点

按照国际上目前所通行的做法，下水仪式基本上都是在新船码头上举行的。届时，应对现场进行一定程度的美化。

比如，在船动静门口与干道两侧，应饰有彩旗、彩带。在新船所在的码头附近，应设置专供来宾观礼或休息之类用的彩棚。

对下水仪式的主角新船，也要认真进行装扮。一般会在船头上扎上由红绸结成的大红花，并在新船的两侧船舷上扎上彩旗，系上彩带。

#### 9.2.7.2 下水仪式的主要程序

下水仪式的主要程序如图9-13所示。

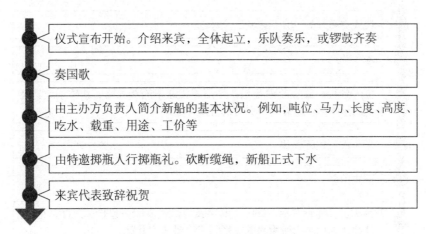

图9-13 下水仪式的主要程序

行掷瓶礼，是下水仪式独具特色的一个节目。它在国外由来已久，并已传入我国，其目的是要渲染出喜庆的气氛。具体做法如下。

由身着礼服的特邀嘉宾双手持一瓶正宗的香槟酒，用力将瓶身向新船的船头投掷，使瓶破之后酒香四溢，酒沫飞溅。在嘉宾掷瓶以后，全体到场者须面向新船行注目礼，并随即热烈鼓掌。此时，还可在现场再度奏乐或演奏锣鼓，施放气球，放飞信鸽，并且在新船上撒彩花，落彩带。

## 9.2.8 通车仪式礼仪

通车仪式，大都是在重要的交通建筑完工并验收合格之后，所正式举行的启用仪式。

比如，公路、铁路、地铁以及重要的桥梁、隧道等，在正式交付使用之前，均会举行一次通车仪式以示庆祝。

### 9.2.8.1 举行通车仪式的地点

举行通车仪式的地点，通常均为公路、铁路、地铁新线路的某一端，新建桥梁的某一头，或者新建隧道的某一侧。

在现场附近，以及沿线两旁，应当适量地插上彩旗、挂上彩带。必要之时，还应设置彩色牌楼，并悬挂横幅。在通车仪式上，被装饰的重点，应当是用以进行首航的汽车、火车或地铁列车。在车头之上，一般应系上红花。在车身两侧，则可酌情插上彩旗，系上彩带，并且悬挂上醒目的大幅宣传性标语。

### 9.2.8.2 通车仪式的主要程序

通车仪式的主要程序如图9-14所示。

```
● 仪式宣布开始。介绍来宾，全体起立
● 奏国歌
● 主人致辞。其主要内容是，介绍即将通车的新线路、新桥梁或新隧道的基本情况，并向有关方面谨致谢意
● 来宾代表致辞祝贺
● 正式剪彩
● 首次正式通行车辆。届时，宾主及群众代表应一起登车而行。有时，往往还须由主人所乘坐的车辆行进在最前方开路
```

图9-14　通车仪式的主要程序

讲话气势汹汹，未必就是言之有理。

——萨迪

## 9.3　剪彩仪式礼仪

剪彩仪式上有众多的惯例、规则必须遵守，其具体的程序亦有一定的要求。剪彩的礼仪就是对此所进行的基本规范。

### 9.3.1　剪彩的场地安排

在正常情况下，剪彩仪式应在即将启用的建筑、工程或者展销会、博览会的现场举行。正门外的广场、正门内的大厅，都是可予优先考虑的场所。在活动现场可略做装饰。在剪彩之处悬挂写有剪彩仪式的具体名称的大型横幅，更是必不可少。

### 9.3.2　剪彩的工具准备

除此之外，尤其对剪彩仪式上所需使用的某些特殊用具，诸如红色缎带、新剪刀、白色薄手套、托盘以及红色地毯，仔细地进行选择与准备。

#### 9.3.2.1　红色缎带

红色缎带亦即剪彩仪式之中的"彩"。按照传统做法，它应当由一整匹未曾使用

过的红色绸缎，在中间结成数朵花团而成。目前，有些单位为了厉行节约，而代之以长度为两米左右的细窄的红色缎带，或者以红布条、红线绳、红纸条作为其变通方式，这也是可行的。

> **达人秘诀**
>
> 　　一般来说，红色缎带上所结的花团，不仅要生动、硕大、醒目，而且其具体数目往往还同现场剪彩者的人数直接相关。

#### 9.3.2.2　新剪刀

新剪刀是专供剪彩者在剪彩仪式上正式剪彩时所使用的。必须是每位现场剪彩人人手一把，而且必须崭新、锋利且顺手。在剪彩仪式结束后，主办方可将每位剪彩者所使用的剪刀经过包装之后，送给对方作纪念。

#### 9.3.2.3　白色薄手套

白色薄手套是专为剪彩者所准备的。在正式的剪彩仪式上，剪彩者剪彩时最好每人戴上一副白色薄手套，以示郑重其事。

#### 9.3.2.4　托盘

托盘在剪彩仪式上是托在礼仪小姐手中，用作盛放红色缎带、剪刀、白色薄手套的。在剪彩仪式上所使用的托盘，最好是崭新的、洁净的。通常首选银色的不锈钢制品。为了显示正规，可在使用时铺上红色绒布或绸布。就其数量而论，在剪彩时，可以一只托盘依次向各位剪彩者提供剪刀与手套，并同时盛放红色缎带；也可以为每一位剪彩者配置一只专为其服务的托盘，同时使红色缎带专由一只托盘盛放。后一种方法显得更加正式一些。

#### 9.3.2.5　红色地毯

红色地毯主要用于铺设在剪彩者正式剪彩时的站立之处。其长度可视剪彩的人数而定，其宽度则不应在一米以下。在剪彩现场铺设红色地毯，主要是为了提升档次，并营造一种喜庆的气氛。有时，亦可不予铺设。

### 9.3.3　剪彩的人员选定

在剪彩仪式上，最为活跃的当然是人而不是物。因此，对剪彩人员必须认真进行选择，并于事先进行必要的培训。除主持人之外，剪彩的人员主要是由剪彩者与助剪者两个主要部分的人员所构成的。

#### 9.3.3.1 剪彩者的礼仪要求

剪彩者,即在剪彩仪式上持剪刀剪彩之人。根据惯例,剪彩者可以是一个人,也可以是几个人,但是一般不应多于5人。通常,剪彩者多由上级领导、合作伙伴、社会名流、员工代表或客户代表所担任。

确定剪彩者名单必须是在剪彩仪式正式举行之前。名单一经确定,即应尽早告知对方,使其有所准备。

必要之时,可在剪彩仪式举行前将剪彩者集中在一起,告知对方有关的注意事项,并稍事训练。按照常规,剪彩者应着套装、套裙或制服,将头发梳理整齐。不允许戴帽子或者戴墨镜,也不允许穿着便装。

若剪彩者仅为一人,则其剪彩时居中而立即可。若剪彩者不止一人,则其同时上场剪彩时位次的尊卑就必须予以重视。一般的规矩是:中间高于两侧,右侧高于左侧,距离中间站立者愈远位次便愈低,即主剪者应位于正中央的位置。

#### 9.3.3.2 助剪者的礼仪要求

助剪者指的是剪彩者剪彩的一系列过程中从旁为其提供帮助的人员。一般而言,助剪者多由主办方的女职员担任。现在,人们对她们的常规称呼是礼仪小姐。

在一般情况下,迎宾者与服务者应不止一人。引导者既可以是一个人,也可以为每位剪彩者各配一名。拉彩者通常应为两人。捧花者的人数则需要视花团的具体数目而定,一般应为一花一人。托盘者可以为一人,亦可以为每位剪彩者各配一人。有时,礼仪小姐亦可身兼数职。

礼仪小姐的基本要求是:相貌较好、身材颀长、年轻健康。礼仪小姐的最佳装束应为:化淡妆、盘起头发,穿款式、面料、色彩统一的单色旗袍,配肉色连裤丝袜、黑色高跟皮鞋。除戒指、耳环或耳钉外,不佩戴其他任何首饰。有时,礼仪小姐身穿深色或单色的套裙亦可。但是,她们的穿着打扮必须尽可能地整齐划一。

### 9.3.4 剪彩的流程

按照惯例,剪彩既可以是开业仪式中的一项具体程序,也可以独立出来,由其自身的一系列程序所组成。独立而行的剪彩仪式,通常应包含图9-15所示的6项基本流程。

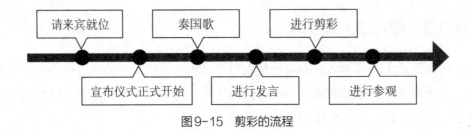

图9-15 剪彩的流程

#### 9.3.4.1 请来宾就位

在剪彩仪式上，通常只为剪彩者、来宾和本单位的负责人安排座席。在剪彩仪式开始时，即应敬请这些人在已排好顺序的座位上就座。在一般情况下，剪彩者应就座于前排。若其不止一人时，则应使之按照剪彩时的具体顺序就座。

#### 9.3.4.2 宣布仪式正式开始

在主持人宣布仪式开始后，乐队应演奏音乐，全体到场者应热烈鼓掌。此后，主持人应向全体到场者介绍到场的重要来宾。

#### 9.3.4.3 奏国歌

此刻须全场起立。必要时，亦可随后演奏本单位标志性歌曲。

#### 9.3.4.4 进行发言

发言者依次应为主办单位的代表、上级主管部门的代表、地方政府的代表、合作单位的代表等。其内容应言简意赅，每人不超过3分钟，重点分别应为介绍、道谢与致贺。

#### 9.3.4.5 进行剪彩

此刻，全体应热烈鼓掌，必要时还可奏乐。在剪彩前，须向全体到场者介绍剪彩者。

#### 9.3.4.6 进行参观

剪彩之后，主办方负责人应陪同来宾参观被剪彩之物。仪式至此宣告结束。随后主办单位可向来宾赠送纪念性礼品，并以自助餐款待全体来宾。

### 9.3.5 剪彩的操作

（1）进行正式剪彩时，剪彩者与助剪者的具体做法必须合乎规范，否则就会影响效果。

（2）当主持人宣告进行剪彩之后，礼仪小姐即应率先登场。在上场时，礼仪小姐应排成一行行进。从两侧同时登台，或是从右侧登台均可。登台之后，拉彩者与捧花者应当站成一行，拉彩者处于两端拉直红色缎带，捧花者各自双手手捧一朵花团。托盘者须站立在拉彩者与捧花者身后一米左右，并且自成一行。

（3）在剪彩者登台时，引导者应在其左前方进行引导，使之各自各位。剪彩者登台时，宜从右侧上场。当剪彩者均已到达既定位置之后，托盘者应前行一步，到达剪彩者的右后侧,以便为其递上剪刀、手套。

(4)剪彩者若不止一人,则其登台时亦应排成一行,并且让主剪者行进在前。在主持人向全体到场者介绍剪彩者时,后者应面含微笑向大家欠身或点头致意。

(5)剪彩者行至既定位置之后,应向拉彩者、捧花者含笑致意。当托盘者递上剪刀、手套时,亦应微笑着向对方道谢。

(6)在正式剪彩前,剪彩者应首先向拉彩者、捧花者示意,待其有所准备后,集中精力,右手持剪刀,表情庄重地将红色缎带一刀剪断。若多名剪彩者同时剪彩时,其他剪彩者应注意主剪者动作,与其主动协调一致,力争大家同时将红色缎带剪断。

(7)按照惯例,剪彩以后,红色花团应准确无误地落入托盘者手中的托盘里,切勿使之坠地。为此,需要捧花者与托盘者的合作。剪彩者在剪彩成功后,可以右手举起剪刀,面向全体到场者致意。然后放下剪刀、手套于托盘之内,举手鼓掌。接下来,可依次与主办方负责人握手道喜,并列队在引导者的引导下退场。退场时,一般宜从右侧下台。

(8)待剪彩者退场后,其他礼仪小姐方可列队由右侧退场。

(9)不管是剪彩者还是助剪者,在上下场时,都要注意井然有序、步履稳健、神态自然。在剪彩过程中,更是要表现得不卑不亢、落落大方。

(10)一般来说,剪彩仪式宜紧凑,忌拖沓,在所耗时间上宜短不宜长。短则一刻钟即可,长则至多不超过一个小时。

礼貌是最容易做到的事,也是最珍贵的东西。

——冈察尔

# 第3部分

## ●职场沟通实战篇●

第10章　分清沟通的对象

第11章　把握沟通的环节

第12章　掌握沟通的技巧

# 第 10 章
# 分清沟通的对象

**导言**

在职场中,要想实现自己的目标,面对形形色色的人就不能只靠热情、愿望和承诺,还要靠与他人沟通。面对不同的沟通对象,应采取不同的沟通方法。

**思维导图**

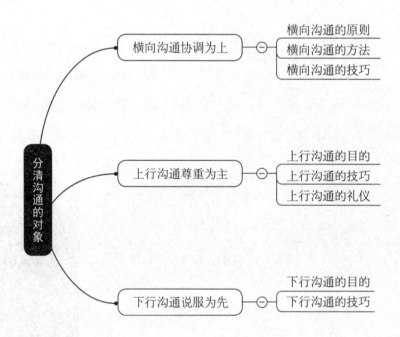

## 10.1 横向沟通协调为上

横向沟通指的是流动于组织机构中具有相对等同的职权和地位的人之间的沟通。由于每一个组织都是一个有机的运作体,每一个部门都会与其他部门有交流和协作,在完成工作的过程中,会涉及跨部门的事务。

### 10.1.1 横向沟通的原则

横向沟通是管理沟通中的一种,是为达到一定的管理目标而进行的沟通,但它又不同于一般的管理沟通,是组织结构中处于同一个层级上的个人或群体之间的沟通。只要掌握图10-1所示的基本原则,进行无障碍的跨部门沟通与协作,并非难事。

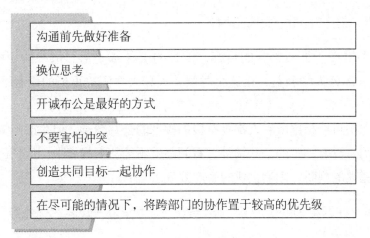

图10-1 横向沟通的原则

#### 10.1.1.1 沟通前先做好准备

在你跟同事讨论事情之前,先把一些基本问题想清楚,不要毫无准备,否则很可能得不到你想要的东西。

比如:

(1)你希望对方帮你做什么事?

(2)你认为他会要求你做什么?

(3)如果对方不同意你提出来的做法,有没有其他选择方案?

#### 10.1.1.2 换位思考

如果我是他,会接受这种做法吗?站在别人的角度设身处地地想问题,能将误解和沟通不畅的概率降到最低。

#### 10.1.1.3 开诚布公是最好的方式

工作场合，面对的都是需长期共事的同事，凡事开诚布公地讲，不容易产生误会，明确说出你的需求和考虑，并且表达想要协作的意愿，希望共同解决问题的诚心，才能增强彼此的信任。

#### 10.1.1.4 不要害怕冲突

一些刚入职的员工怕提建议会把气氛弄僵，开会时沉默寡言，以维持表面和谐，殊不知，如果团队在议题的讨论上没有冲突，那么决策的质量和执行力都会较低，你不满意又不说也不干，会议等于没有开，你没有领会领导的意图，领导也怀疑你做事的能力，所以，工作上有什么不同意见客观、公正、大胆地提，不容易当面解决的问题可以在会后提出来。

#### 10.1.1.5 创造共同目标一起协作

协作的关键在于拥有共同的目标，一切的工作都是为了最终的目标。有时候，难免会损害一部分人的利益，在这个时候，人和人之间更重要的是看谁更有心胸和担当。

任何企业不可能指望所有人都具有极高程度的公共精神，但是部门领导人的公共精神是必需的。没有一定的公共精神，看问题就不能从大局着眼、从长远出发，对事情就会做出错误的判断，影响企业的生产效率。

#### 10.1.1.6 在尽可能的情况下，将跨部门的协作置于较高的优先级

增加跨部门协作，并置于相对较高的优先级，是对自己部门有好处的。非常明显的事实是，你今天配合其他部门的同事完成了工作，改天你也能够获得同样积极的协作反馈。

### 10.1.2 横向沟通的方法

工作中，是不是经常会遇到这样的情况：作为计划部的经理，为了某个项目的完成，你又和生产部经理进行了一场激烈的论战。在一个小时的时间里，大家互相挑刺，互相抱怨，最后的结果是不欢而散。面对这样的场景，你肯定会想，沟通怎么就那么难呢？其实，只要你掌握了图10-2所示的方法，跨部门沟通也不一定是难事。

#### 10.1.2.1 到位不错位

在沟通前，你必须要清楚所沟通事项的来龙去脉，了解得越清楚越细致越好，然后确定你的沟通对象——找谁沟通，但需要注意的是：一定要到位不错位。

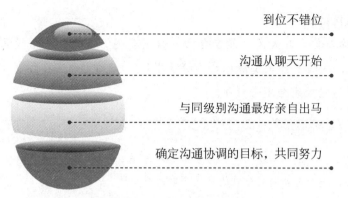

图10-2　横向沟通的方法

在一个会议上，总经理批评了人力资源部。为什么呢？因为销售部经理在路上对总经理说了这样一句话："张总，你看，这个人力资源部现在真的不知道怎么搞的，活越干越差了，头两年招的人还像点样子，这两年招的人，来了都不好好干活，你还让我出业绩，我告诉你我做不到。"

然后总经理在会上发火，"我们现在人员的招聘成了大问题，招聘来的人员素质越来越差了……"

试想，如果你是这家公司的人力资源部经理，心里肯定不是滋味……

但是这个问题有没有更好的解决方法呢？可不可以不直接向上反映，而是直接去找人力资源部经理呢？完全可以，你找到人力资源部经理和他平心静气地讲："你看，不知道是哪里出了问题？是我用人的标准没跟你说清楚？还是现在人不好招？我仔细观察了，近期来的六个新人中有两个还行，但那四个好像不太行，你看咱们商量一下该怎么处理……"

这样处理要比直接向上反映效果要好得多，也不会激化部门间的矛盾，因此我们在解决一件事情之前，一定要问自己一句话：找谁沟通最好？怎么沟通才能解决问题？然后去找那个对的人。

#### 10.1.2.2　沟通从聊天开始

为什么说平级沟通要从聊天开始呢？目的就是要拉近彼此的心理距离，营造良好的沟通氛围。

比如，你去找一个部门经理泄愤，一进门就直奔主题：

"老李，你看你，昨天怎么能在会上直接说我呢？明摆着不给我面子！管理有问题你告诉我，我改不就完了嘛！真不够意思！"如果你这样直奔主题。李经理在那里要么低头，要么不好意思，气氛会变得很尴尬。

但是你通过几句聊天来化解一下：

"老李，听说你母亲过来了，在这边气候还习惯吗？哪天我请她老人家吃个饭啊！"

然后再切换话题：

"老李，你看你，昨天怎么能在会上直接说我呢，明摆着不给我面子嘛，管理有问题你告诉我，我改不就完了嘛！真不够意思！"

你看这样感觉就完全不一样了。

> **达人秘诀**
>
> 如果检验一个人的沟通能力，一定要检验他是不是有闲聊的能力，但需要注意的是闲聊也是有度的，一般也就是几分钟的事，不能聊得太远。

### 10.1.2.3　与同级别沟通最好亲自出马

在平级沟通过程中，你需要和某个主管就某件事进行沟通，此时你最好亲自出马，而不是让你的下属去。

年底将至，王总需要财务报表作为参考数据，来完善明年的市场开发计划，他告诉秘书小柳去向吴总要财务报表。于是，秘书小柳来到吴总办公室，"吴总，您好，我是王总的秘书小柳，王总让我告诉您，本年度的财务报表请您尽快做，王总等着看呢！"

说完小柳转身走了，吴总心里这个别扭啊！自言自语道："咱俩是一个级别的，我主管财务，你主管市场，凭什么你让你的秘书来指使我，太狂了。"自此以后，财务报表是一拖再拖，用吴总的话说，每个财年的最后一个月才出财务报表，现在才10月底，等12月份再说吧。最后没有办法，在总裁出面下，王总终于拿到了财务报表，不但耽误了工作进度，同时与吴总的"梁子"也就此结下了。

### 10.1.2.4　确定沟通协调的目标，共同努力

目标一致、齐心协力就容易成事。在平级沟通过程中，首先要确定沟通协调的目标，然后共同努力。

一家报社刚刚推出周刊，最近总是面临工期紧张、不能按时出版的困境。最后，编辑部主任决定解决这个难题，并亲自找到了设计部主管，诚恳地说道："严经理，现在这个问题，我觉得我们有必要商量一下，共同寻找一些方法，保证周刊如期出版，你说呢？"

严经理认同地说："我也早就想和你商量了，编辑部的交稿时间能不能提前呢，现在都是每周五交稿，周六日大家休息，周二就要印刷，时间上根本来不及，想个什么办法呢？"编辑部主任说："我有一个想法，编辑部的采稿大部分是根据客户和读者的时间走的，所以从周一采稿到周三基本结束，编辑部最早能将交稿日期提前到周四，这样周四就可以开始设计了，如果设计过程能够调整一下休息的时间，周六日不

休息，改为周二三休息的话，我想保证工期应该没有问题，你看呢？"

严经理："我看这倒是个好办法，但是调休是一件大事，需要和行政及总编商量，我看我们下午一起找下总编，如果他同意的话，我这边没有问题，员工的工作我来做。"下午，他们俩找到了总编，说明了问题，总编表态，只要能够保证工作，修改一下流程和时间没有问题，从此周刊准时出版再也没有耽误过。

周刊是一个必须要按期出版的产品，制造环节中最重要的就是编辑部和设计部，一个负责内容的采集和编写，另一个负责周刊的设计制作。从以上案例我们可以看出，在团队合作中良好的沟通协调会起到举足轻重的作用。

### 10.1.3 横向沟通的技巧

公司跨部门工作有时会出现鸡同鸭讲，沟而不通，导致合作失败的局面。因此，为了顺利实现彼此的共同目标，必须加强跨部门沟通与协作。那么，该如何加强这种沟通与协作呢？其技巧如图10-3所示。

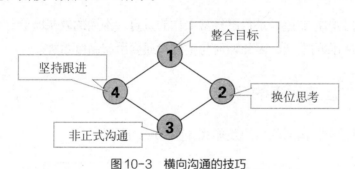

图10-3 横向沟通的技巧

#### 10.1.3.1 整合目标

有效整合各部门的目标，保证集体利益，是公司和谐发展的重要因素。我们所说的个人利益与集体利益的有效统一就是这个道理，要坚持个人利益服从并服务于集体利益，同时，集体利益尽可能保障个人利益。

#### 10.1.3.2 换位思考

在双方进行沟通的过程中，对双方的了解与换位思考至关重要。只有妥善进行换位思考，上级才能够体会下级工作的艰辛与运作，同时，下级才能够体会上级安排工作的顺序与综合考虑。

#### 10.1.3.3 非正式沟通

完善的职场沟通技巧，除了正式的沟通之外，还应该包括注重非正式沟通。正式沟通主要指的是日常工作中所进行的工作会议，与工作有关的沟通。而非正式沟通相对来说则显得更加随意，可以通过日常交流体现出来。

#### 10.1.3.4 坚持跟进

沟通是一直存在的，跨部门的沟通也是需要一直进行下去的，不能"三天打鱼，两天晒网"，这样是不能起到明显效果的。

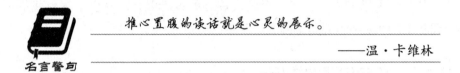

## 10.2 上行沟通尊重为主

和自己的上司打交道，是自己日常工作的重点，沟通的效果既会体现你的沟通能力，又能够影响你的发展，因此如何与上级沟通要引起高度重视。

### 10.2.1 上行沟通的目的

一般来说，上行沟通的目的及形式如图10-4所示。

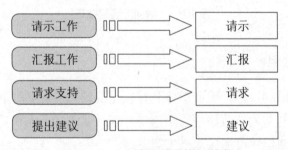

图10-4 上行沟通的目的及形式

### 10.2.2 上行沟通的技巧

在与上司沟通的时候，要注意一定的沟通技巧。不要盲目地同上司沟通，也不要没有任何原则地同上司沟通。

#### 10.2.2.1 尊重上司的权威

领导要有威信，没有威信，就不能实行真正的领导。作为下属，应首先尊重和服从领导。

#### 10.2.2.2 把握沟通时机

把握沟通时机的三个关键如图10-5所示。

图10-5 把握沟通时机的三个关键

#### 10.2.2.3 主动沟通

作为下属,不仅工作态度要认真,更重要的是有良好的沟通能力,要争取让自己的才能得到上司的认可,受到上司的器重。通过主动沟通充分展示自己,让上司对你"刮目相看",这样可以轻松打通你与上司之间良好关系的路径。

### 10.2.3 上行沟通的礼仪

作为下属,要学会和掌握上行沟通的礼仪,做到不卑不亢,有礼有节。

#### 10.2.3.1 提前预约

在要与上司沟通前,需提前预约。
比如:"××经理您好,有关××工作我想向您汇报/请示,您几点有时间呢?"

#### 10.2.3.2 遵守时间

在约好的时间内汇报,千万不要失约,应树立较强的恪守时间的观念。过早抵达可能导致上级准备不足;迟到会让上级等候过久。

#### 10.2.3.3 要记得敲门

(1)注意要轻叩,重敲不仅显得鲁莽,而且对别人显得不尊重。

(2)叩门时叩三下要停顿一会儿,看有无人应声开门;不行再叩,但不要一个劲叩个不停。

(3)倘若门里无回应,可问一声:"经理我可以进来吗?"

(4)如果房门是虚掩或敞开的,不要拉开门探头观看,也不要直冲进去,应当先叩几下房门,待上级允许后才能进去;倘若房门装有门铃,按门铃也不要按住不放。

(5)敲门进屋,首先应该有礼貌。如果是上级为你开门,你还应该说声"谢谢"。

#### 10.2.3.4 注意仪表仪态

与上司沟通时,要站有站相,坐有坐相,文雅大方,彬彬有礼。讲话要吐字清晰,语调、语音大小恰当。

#### 10.2.3.5 告辞

整理好自己的材料、衣着、茶具、座椅,上级送别时要主动说"谢谢""请留步",转身将门关好。

>  **相关链接**
>
> 给上司提建议的注意事项
>
> (1)善于发现问题,解决问题。
> (2)要有针对性,不要含糊其词,不要言语激烈。
> (3)不要求文辞华美,同时要一事一议,把建议说明即可。
> (4)提建议之前,学会换位思考。
> (5)提出的建议要有合理性,不要笼统概括,要让你的建议乐于让人接受。
> (6)效益至上。
> (7)切忌越级提建议。

*有意而言,意尽而言止者,天下这至言也。*

——苏轼

## 10.3 下行沟通说服为先

俗话说:"得民心者得天下!"作为一名成功的上司,要学会与下属沟通,使下属尽心竭力地做好工作,成为你事业上的左膀右臂。

### 10.3.1 下行沟通的目的

与下级沟通的目的主要如图10-6所示。

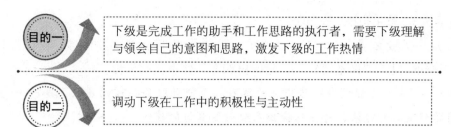

图10-6 下行沟通的目的

## 10.3.2 下行沟通的技巧

一个有着优秀沟通技巧的管理者可以有效地把全体员工凝聚在一起，这些技巧主要如图10-7所示。

### 10.3.2.1 正确传递命令

管理者在下达命令时，要正确地传达命令，不要经常变更命令；不要

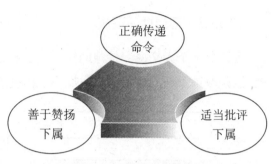

图10-7 下行沟通的技巧

下一些自己都不知道缘由的命令；不要下一些过于抽象的命令，让部下无法掌握命令的目标；不要为了证明自己的权威而下命令。

正确的传达命令的意图，需要掌握"5W2H"的原则，即Who（执行者）、What（做什么）、Why（为什么）、When（时间）、Where（地点）、How many（工作量）和How（怎么做）。

比如："张秘书，请你将这份调查报告复印两份，于下班前送到总经理室交给总经理，请留意复印的质量，总经理要带给客户参考。"这个命令中的"5W2H"就十分清晰明确，如图10-8所示。

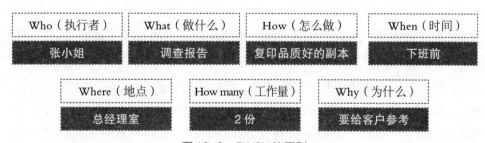

图10-8 5W2H的原则

### 10.3.2.2 善于赞扬下属

（1）赞扬下属必须真诚。如果你与下属交往时不是真心诚意，那么要与他建立良好的人际关系是不可能的。因此在赞美下属时，你必须确认你赞美的人的确有此优

点，并且有充分的理由去赞美他。

（2）赞扬要依据具体的事实评价，除了要用广泛的用语（如："你很棒！""你表现得很好！""你不错！"），最好再加上具体事实的评价。

比如："××，你调查报告中关于客服人员提升服务品质的建议，是一个能针对目前问题解决的好办法，感谢你提出对公司这么好的建议。"

（3）在众人面前赞扬下属，对被赞扬的员工而言，当然受到的鼓励是最大的，这是一个赞扬部下的好方式。因此，公开赞扬最好是能被大家认同及公正评价的事实。

#### 10.3.2.3 适当批评下属

批评对于个人来说，是帮助他人改正缺点、自我进步的有效方法；对于管理者来说，这是改善管理的重要手段。批评下属也要讲究技巧，如图10-9所示。

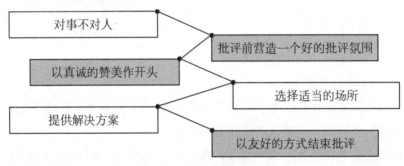

图10-9 批评下属的技巧

（1）对事不对人。管理者在批评下属时，一定要做到"对事不对人"，把事情和人情分开：人是人，事是事，下属哪件事做错了，就批评哪件事。不能因为下属某件事做错了，就认为这个人如何不好，以一件事来论及整个人，把下属说得一无是处。

比如，用"从来、总是、根本、不可救药"等言词来否定下属，这是不可取的，应当避免。

（2）批评前营造一个好的批评氛围。批评下属的目的是为了帮助下属认识错误、改正错误、积极地做好工作，而不是要制服下属，更不是为了拿下属出气或显示自己的威风，所以批评下属时态度一定要诚恳，要站在对方的立场上，以关怀的态度来对待他，只有这样才不会造成紧张的气氛，下属才不会产生逆反心理。可以先讲点儿自己的缺点和错处，这样对方就不会有戒备和防卫心理。同时能给下属这样的心理暗示，你和他一样是犯过错误的人，这就会激起他与你的同类意识，就不会有损害面子的顾虑了。

比如，"小张，几年前，我也是做你这个职位的，我曾经也犯过同样的错误，人不是天生就有判断能力的，经历对于每个人来讲都是宝贵的财富，这次的错误就当经验教训了,但如果这件事情当时你这样做,结果就会好多了……"

> **达人秘诀**
>
> 作为上司开始先谦逊地承认自己也犯过同样的错误,在此基础上再去批评对方,对方将更容易接受你的批评。

(3)以真诚的赞美作开头。不管你要批评下属什么,都必须先找出下属的长处来赞美,批评前和批评后都要这么做,这就是我们常说的"三明治策略",夹在大赞美中的小批评。

像刚才的例子,在开始时可以加上"小张,你来公司一年零五个月了吧,你的表现一直很优秀,去年年终评比还拿了全公司第一名,你可是咱们公司难得的人才啊……"然后再接"几年前,我也是做你这个职位的,我曾经也犯过同样的错误,人不是天生就有判断能力的,经历对于每个人来讲都是宝贵的财富,这次的错误就当经验教训了,但如果这件事情当时你这样做,结果就会好多了……"

因此,批评前必须略微地给予赞美,据心理学研究表明,被批评的人最主要的心理障碍是担心批评会伤害自己的面子,损害自己的利益,因此在批评之前帮他打消这个顾虑,甚至让下属觉得你认为他功大于过,那么他就会主动放弃心理上的抵抗,对你的批评也就更易于接受。事实证明,这种批评方法是非常有效的。

(4)选择适当的场所。不要当着众人的面去指责下属,批评时最好选择单独的场合,如独立的办公室、安静的会议室、午餐后的休息室,或者楼下的咖啡厅都是不错的选择。上级如果不注意批评的场合和范围,随便把只能找本人谈的问题拿到大会上讲,就会使对方感到颜面无存,不利于问题的解决。

(5)提供解决方案。我们批评下属,并不是批评下属本人,而是批评下属的错误行为。所以,为了让批评最终达到理想的效果,不仅要让下属有认错的态度,还要协助下属拿出改进的方案,这样才能让批评达到想要的效果。

如某管理者对下属说:"小张,你来公司一年零五个月了吧,你的表现一直很优秀,在去年年终评比中还拿了全公司第一名,你可是咱们公司难得的人才啊……几年前,我也是做你这个职位的,我曾经也犯过同样的错误,人不是天生就有判断能力的,经历对于每个人来讲都是宝贵的财富,这次的错误就当经验教训了。不过,如果这件事情,当时你把机器维修好后,先清理维修现场,把不相关的工具归位,放到工具箱里,就不会造成扳手滑落到印刷机,造成滚筒划痕了。"

这样的沟通,不但告知下属错在什么地方,而且告诉他具体的解决方案,这样下属就更容易接受批评。

(6)以友好的方式结束批评。正面地批评下属,下属或多或少会有一定的压力。如果一次批评弄得不欢而散,就会增加下属的精神负担,使其产生消极情绪,为以后的工作或沟通带来障碍。因此，每次的批评都应尽量在友好的气氛中结束，这样才能彻底解决问题。

在批评结束时，可以对下属表示鼓励，提出充满感情的希望，这样会帮助下属打消顾虑，增强改正错误、做好工作的信心。

比如，结束时可以这样说"我相信你一定会做得更好"，并报以微笑，而不是以今后不许再犯，再犯了怎样怎样作为警告。

批评性谈话，在结束前把话往回拉一拉，鼓励一番，放松一下，这是必要的，这种具有感情色彩的客观评价，往往能温热被批评者的心，使他们真心实意地接受教训。

如果你要使别人喜欢你，如果你想他人对你产生兴趣，你注意的一点是：谈论别人感兴趣的事情。

——戴尔·卡耐基

# 第 11 章 把握沟通的环节

### 导言

职场沟通的目的，是为了争取对方配合，并按照自己期望的行动去配合，这是一个说服的过程。达成这一目标的过程，拆解开来有4大步：分析听众、有效倾听、清晰表达、积极反馈。

### 思维导图

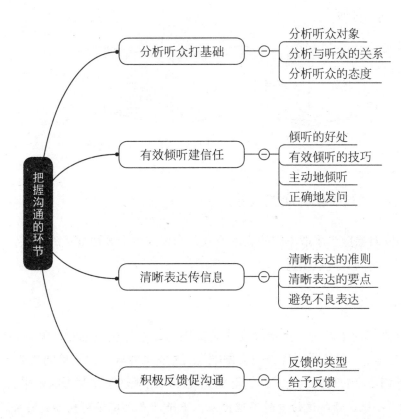

## 11.1 分析听众打基础

商务沟通中听众分析是一切工作的前提和基础。听众分析意味着了解你想影响的人的兴趣、价值和目的。对于职场人士来说，和人沟通前，必须明确你的听众是谁，然后对他进行适当分析，才能达到沟通的目的。

### 11.1.1 分析听众对象

当已经认清你想要表达什么，为什么要表达给别人，以及如何进行表达的时候，你可能会想当然地认为你表达的建议对于其他人来说是绝对重要的，别人理解你的建议应当不成问题。然而，实际工作中并非如此。

我的听众究竟是谁？
我与听众之间的关系怎样？
听众目前的态度是怎样的？
我的建议同听众自身的利益之间的关系是什么样的？

因此，对听众进行分析，首先需要明确听众是谁。一般来说，听众主要有图11-1所示的几种类型。

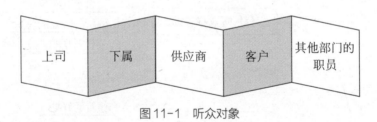

图11-1 听众对象

### 11.1.2 分析与听众的关系

对于不同对象应当采取不同的表达方式，当你向听众表达观点的时候，必须使表达方式与你们之间的关系相适合。

#### 11.1.2.1 下属

当听众为你的下属时，下属没有能力提出与你意见相左的看法来，这时可以用"告诉"的方式："你就照着我说的去做吧"。这是一种从上到下单向式的表达方式，可以节省互相交流的时间，要求你的下属完成一项常规性工作时可以采用。

比如，"小张，请把这份资料整理出来，下午三点之前送到我办公室来。"

#### 11.1.2.2 上司或客户

当听众为你的上司或客户，且对方掌握最终决策的权利时，这是一种利用你掌握的信息去说服听众，引导他们朝有利于你目标的方向思考，并最终同意你的建议的表达方式实际上是你在向听众推销你的想法，你想让你的听众按你的要求做些什么，也就是说，你需要一些听众的参与。

这种情况下，你需要做好充分的准备，特别是对于所"推销"的观点，从不同角度、不同层次向听众展示其特点和优势。同时，你可能还要学习使用现代营销的方式——为听众着想。否则稍有不慎，可能前功尽弃，所以你需要耗费大量的时间和精力。在你想要向上司提建议或说服客户购买你的产品时，你可以考虑这种方式。

比如，经理（你）："王总，这是根据前六个月情况做出的下半年销售预测，以及物料、人员和成本的估算，请您看一下。"

总经理："好，放在这儿吧。"

经理（你）："王总，根据我的估算，我们下半年可以在提高销售的同时，大幅度降低成本开支。"

王总拿起了报告……

#### 11.1.2.3 同事

当听众为你的同事，你希望通过沟通与他们对某一行动达成共识，这种情况下，你与听众双方可能都拥有相类似的信息和权威，你有一个新的想法，你试图使你的听众能够同意你的意见。但你没有足够的力量让听众立即同意你的建议，这时可采用"咨询"的方式，首先征求听众的建议，然后逐渐提出你的建议，经过一定的引导和劝说，双方达成共识。

这是一种双向式的、需要平等态度进行沟通的过程，你需要同你的听众交换意见，并控制双方相互作用的过程。在你劝说你的同事们支持你的建议等情况下，可以考虑这种类型的沟通方式。

比如，"我们最近销售额一直停滞不前，请大家想想我们有什么办法可以改变这一状况？"

#### 11.1.2.4 混合听众

当你发现有许多人和你意见相同的时候，就可以省去说服环节，直接说明时间和步骤，多谈大家共同认可的观点，强调大家共同的利益和要求，寻求更多的共鸣，即使用联合的方式，进行彼此之间的对话。你要明确你是在合作，代表部门就共同利益与大家进行沟通。

比如,"大家都有目共睹,公司最近管理上非常混乱,我们必须找到可行的解决方案。"

### 11.1.3 分析听众的态度

你同听众进行沟通,还要关注听众目前的态度如何。一般来说,听众对于你所表达的观点或意见,往往会表现出图11-2所示的三种态度。

图11-2 听众的态度

#### 11.1.3.1 支持

持支持态度的听众需要被激发并被告知行动计划,让他们知道他们的重要性及他们能帮助你做些什么,尽你所能使他们的工作轻松并且有回报。

(1)一些人之所以支持你,只因为他们是你的朋友,与你想法的是非对错没有关系,不要让这种支持使你对其他听众的态度产生误解,认为你的想法已经得到了很多人的认同。

在部门经理会议上,销售部肖经理提出:"要简化费用报销制度,即部门不签字,也能报销,公司现有的费用报销制度需要经过当事人—部门经理—财务经理—主管副总4道手续,而销售部经理由于业务需要,一出差就可能一两个月不在公司,销售部门的员工想要报销只能等到经理回来,既麻烦又影响工作。"

办公室严主任立刻表示了支持。

实际上办公室很少出差,根本不存在销售部面临的问题。严主任之所以支持这个提议就是因为他与肖经理私交很好,要为肖经理说说话。

(2)其他人支持你,可能出于他们自身的权益,而与你的动机毫不相干。

#### 11.1.3.2 中立

持中立态度的听众容易受理性说服方法的影响,需要使他们参与到事件中来共同分析、讨论。

如果听众对所要讨论的问题已经了解很多,那么你长篇大论的铺陈就会使听众变得兴趣索然。可能把一个中立者变成敌对者,或积极的支持者变成中立者。所以,在进行沟通之前，应当问自己一些问题。

（1）我应概括哪些听众熟悉的信息为自己论证？

（2）要想听众理解和判断我的建议，还需要哪些补充信息？

（3）我能不能用听众可以理解的语言来表达？

#### 11.1.3.3 反对

持反对态度的听众可能永远不会支持你，但当你表明理解他们的观点，并充分解释为什么你仍坚持你的计划，有可能使他们变为中立。

有时候，听众中的关键成员可能会根据你的建议提出相反意见，或者可能直接对你的建议予以否决。不管在何种情况下，最好坦白说出自己的想法，虽然你也承认反对者的担忧和他们意见中的优点。

一般情况下，听众不愿意承认他们反对的真正原因，这可能促使他们提出一些非常具有创造性的理由来反对你的计划。

这种情况下，可以考虑的方法：一种是给你的反对者一条退路，或许通过体现他们的建议，分享荣誉，或在另外一个肯定能成功的事件中支持他们。另一种是争取那些拥有更高权威的人的支持。

 **相关链接**

#### 避免听众分析常见误区

听众分析过程中，对于许多常见误区，一定要尽量避免，这样才能更好地实现沟通。

**1. 听众错位**

（1）应该与上司沟通的，却与同级或下属进行沟通

人力资源部的任经理对上面交办下来的工作感到非常为难；刚刚经过层层筛选招进来的市场部门的员工，因为公司经营政策调整要被辞退，任经理感到很不好受。吃午饭时，他和销售部的李经理谈起了此事："公司太不负责了。这让我怎么和新员工交代？"

这种问题应当与上司沟通，商讨可以直接解决问题的方案。而沟通对象的错误，可能产生始料不及的后果。

（2）应当与同级沟通的，却与上司或下属进行沟通

营销部的肖经理对近期人力资源部招来的一批营销代表感到很不满意，在一次同总经理的谈话中谈到了此事："不知道现在人力资源部的人都在忙什么，

最近给我们招来的人根本就不合适。"总经理把这件事记在了心上，在一次部门经理会议上点名批评了人力资源部任经理。任经理感到非常气愤，认为营销部如果觉得招的人不合适可以跟我说嘛，到总经理那里告什么状。从此，和营销部有了芥蒂。

（3）应当与下属沟通的，却与上司或其他人员进行沟通

张经理发现最近小李工作不积极，常常请假，于是想先向其他同事了解一下情况。于是中午休息时，对另一位下属小张抱怨道："最近小李是怎么了？工作一点儿都不积极。"很快，小张把这件事告诉了小李，其他同事知道了，弄得大家挺别扭。

**2. 沟通渠道错位**

沟通渠道有正式和非正式之分，正式沟通渠道包括按照指挥链的沟通、和当事人的沟通、会议沟通。非正式沟通渠道指私下以及除正式沟通之外的其他沟通途径。在实际工作中，我们常常因为把沟通渠道弄混淆，结果把事情搞砸。

（1）应当会议沟通的选择一对一进行沟通

公司近期要改变报销办法，这是一件涉及全公司的事情。但是，总经理却认为有必要同每一位部门经理谈谈此事，于是一个人一个人地谈，以每个人40分钟计算，6位经理共花总经理240分钟的时间。效率太低了！

对于这样一件关系到各部门的事情还是应以会议的形式来处理，而采用一对一的沟通方式反而使事情复杂，成员之间相互猜疑。

（2）逐级报告与越级报告的混淆

总经理午休时高兴地拍拍销售部肖经理的肩膀，"你们最近的工作做得很不错，上次你管辖的××地区经理对我说起他的销售业绩比上一季度提高了一倍。"肖经理感到有些摸不着头脑，暗想：小马怎么没有向我汇报此事？他心中对小马有点不满。

汇报工作应当逐级进行，越级报告有时会造成嫌隙。

**3. 不讲沟通场合**

我们常说"表扬于众，批评于后"，就是要选择适合的沟通场所。如果当众批评下属，那么下属会感到"下不了台"，只能起到消极而不是促进下属的作用。

（1）应当一对一进行沟通的却选择了会议沟通

由于职位说明书写不当，造成人力资源部招聘来的销售代表不符合销售部的要求。就此事，销售部可以直接与人力资源部进行沟通，商议解决的办法。但是销售部经理却将此事拿到了部门经理会上，结果是其他的经理只能看着这两位部门经理你来我往的对话，耽误了会议的其他议程。

（2）应当是公司内部的沟通却变成了外部沟通

客户向销售部经理提出了延期付款的要求，正巧销售部经理对财务部的一些规定和做法早就不满，于是就着这个话题把公司财务部狠狠批评了一番，"别提了，公司现在乱得很，财务更是乱得不得了……"。公司形象因此在客户心中大打折扣。

这种有关公司内部管理等的问题可提出建议，内部解决，而不能当着外人——客户、供应商、媒体等自揭其短。

有效的沟通取决于沟通者对议题的充分掌握，而非措辞的甜美。

——葛洛夫

## 11.2 有效倾听建信任

做好与他人沟通，并不是一定要你有良好的语言表达能力跟良好的逻辑思维能力去判断对方话语的正确性。沟通的真谛在于更多地使对方展示才华而非炫耀自己，有时沟通只是要求我们做好一名听众而已。

### 11.2.1 倾听的好处

著名励志大师戴尔·卡耐基曾经说过："专心听别人讲话的态度是我们所能给予别人最大的赞美，也是赢得别人欢迎的最佳途径。"由此可见，倾听对别人、对自己都是有好处的。具体如图11-3所示。

图11-3 倾听的好处

#### 11.2.1.1 准确了解对方

对下属、同事、上司和客户，通过倾听对方的讲话，推断对方的性格、以往的工作经验、对工作的态度和想法，借此在以后的工作中有针对性地进行接触。

市场部的小郭近来工作业绩一直不理想，而且还常常迟到、请假，市场部马经理找小郭进行了一次谈话。"小郭，最近工作感受怎么样？"小郭避开经理的眼睛，低下头说："还可以。""真的吗？"马经理继续问，"怎么近来总迟到？上个月的销售额也完成得不好啊。"小郭看了一眼经理，"哎，我这个月努努力吧。""有什么问题？"马经理想知道个究竟，"没什么……"小郭欲言又止，马经理鼓励道："有什么困难就讲出来，千万别放在心里面。"小郭看了一眼经理，又说了起来，"上个月……"小郭谈了十几分钟，马经理明白了。

根据掌握的情况和信息，进行分析和思考，最终找出问题答案，从而使问题得到解决。

#### 11.2.1.2 能使他人感到被尊重和欣赏

每个人都有这样的心理，当他对某事感兴趣时，会充满热情地关注。因此，在别人讲话时你认真倾听，对他来说是最好的关注，让他知道你对他的话很感兴趣。如此，他就有了被尊重和赏识的感受，哪个人对一个尊重和赏识自己的人会没有好感呢？不管是对待亲人和朋友，还是对待上司和下属，倾听都有同样的效果，倾听他人谈话的好处之一是：别人将以热情和感激来回报你的真诚。

#### 11.2.1.3 能提高沟通效率

无论是在日常生活中闲谈趣事，还是在生意场上向人推销商品，有效的说话方式是自己只说1/3的话，把说2/3的机会留给别人。在对方说话的时候，你需要做的只是认真倾听，倾听使你了解对方的想法，使你了解对方对你产品的反应，这样就能很好地避免误解，使沟通的效率大大提高。

有些人喜欢滔滔不绝、夸夸其谈，不喜欢听别人说话，常常在没有完全了解对方想法的情况下盲目下结论，这样就容易误解别人，出现沟通障碍，甚至产生矛盾和冲突。

#### 11.2.1.4 多听少说可以保护你的秘密

夸夸其谈的人容易说漏嘴，把自己不该说的说了出去，这些话有可能是他们对别人的成见，有可能是他们的隐私，一旦说了出去，就可能带来不良的后果。

做生意谈判时，有经验的人通常会把自己的底牌藏起来，注意倾听对方的谈话，在充分了解对方的情况后,再向对方亮出底牌。这样做往往能取得对自己有利的谈判结果。

总的来说,倾听有很多好处,能让你赢得别人的好感,获得更好的人际关系。

### 11.2.2 有效倾听的技巧

倾听是沟通的基础,可以使同事、下属或上级乐意讲述甚至倾诉,令对话持续不断,有利于消除隔阂、减少误会。倾听还可以了解上司、同事与下属的感受、观点与需要。

通常,人都很自我,总是喜欢说,喜欢表达,而忘了别人也有同样的需要。因此,懂得倾听不失为一种艺术。而在倾听的过程中,也要掌握一定的技巧。如图11-4所示。

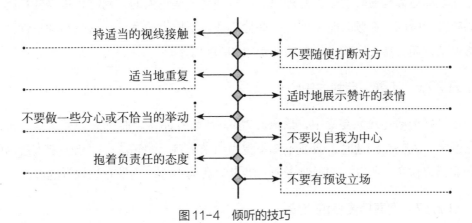

图11-4 倾听的技巧

#### 11.2.2.1 持适当的视线接触

在倾听时要保持适当的视线接触,目光对视是对别人的基本尊重。有的人说话的时候,喜欢看着没人的地方,虽然他的本意不是轻视对方,但给别人的感觉就是不舒服。别人说话时,你不仅要用耳朵去倾听,更要用目光去关注,才能鼓励别人敞开心扉。

#### 11.2.2.2 不要随便打断对方

在倾听的过程中,注意不要随便打断对方,你应该让对方将自己想表达的意思说完整以后,再表达自己的想法。如果别人说一句话,甚至一句话未完,你就开始讲述自己的观点,经常如此的话就不是倾听,而是讨论甚至是争论了。

#### 11.2.2.3 适当地重复

听别人说话时,听完之后最好是将对方所说的话进行简单的概括,并且复述给对方听,以显示出你在用心听别人说话,而且还在和他一起思考,这样做会让对方感觉找到了"知音",产生了共鸣。注意,在简要复述对方所述内容时,尽量避免出现太多否定词。

#### 11.2.2.4 适时地展示赞许的表情

职场交流沟通时不仅仅需要听对方谈话,有时还要根据对方讲话的内容适时表现自己的赞许或者意见。但是在对方讲话时又不适合打断对方,这时面部表情很重要。在倾听对方谈话时适当展示赞许的表情不仅能表现自己的观点,还能鼓励对方说下去。这样更有利于职场沟通的进行。

#### 11.2.2.5 不要做一些分心或不恰当的举动

在职场与人沟通时要全身心地投入,特别是一些重大的谈判时,更需要打起十二分的精神。所以,在倾听时不要做一些分心或者不恰当的举动,这些举动不仅会影响对方说话,还会直接影响自己的职业形象和职业素养。

#### 11.2.2.6 不要以自我为中心

在良好沟通的几大要素中,话语占7%,音调占38%,而55%则完全是非言语信号。通常,人们在沟通时,会在不知不觉中纠结于自己的想法,而错失别人透露的语言和非语言信息。所以,沟通时千万不要以自我为中心,这是有效倾听的最大障碍。

#### 11.2.2.7 抱着负责任的态度

负责任的态度能增加你与他人对话成功的概率。参加任何会议前,都要妥善准备,准时出席,不要随意退席或离席,而且要集中注意力。不要坐立不安、抖动或看表。如果你能决定会议的场地,就选一个不会被干扰、噪声少的地方。如果在你的办公室,抛开妨碍沟通的办公桌,站或坐在你谈话对象的身旁。如此,会让对方觉得你真的有诚意听他说话。

#### 11.2.2.8 不要有预设立场

如果你一开始就认定对方很无趣,你就会不断在对话中设法验证你的观点,结果你所听到的,往往都是无趣的内容。

### 11.2.3 主动地倾听

要想达到有效倾听目的,首先心理上就必须积极,因为只有产生愿意接纳的心态,才会愿意去主动的听。积极倾听的表现主要如图11-5所示。

图11-5 积极倾听的表现

#### 11.2.3.1 集中精神

倾听时要选择适宜的环境,营造轻松的气氛。随时提醒自己交谈到底要解决什么问题,倾听时应保持与谈话者的眼神接触。

注意适当把握时间的长短,如果没有语言上的呼应,而只是长时间地盯着对方,会使对方感到不安。要努力维持头脑的清醒,不仅用耳朵,而且要用整个身体听对方说话。

#### 11.2.3.2 采取开放式姿态

开放式的态度意味着要控制自身偏见和情绪,克服先入为主的想法,在开始沟通之前培养自己对对方的感受和意见的兴趣,做好准备,积极适应对方思路,理解对方的话。

#### 11.2.3.3 积极预期

努力推测谈话者可能想说的话,有助于更好地理解和体会对方的感情。但是"预期"并不等于"假设",并不是你假设了对方的想法,然后就真的以为对方就是这样想的,如果你真的相信了自己的假设,就很难再认真倾听了。

#### 11.2.3.4 鼓励对方

使用带有"鼓励性"的语言使对方能够尽可能地把自己的真实想法说出来,以便于了解更多的信息,采取相应的策略。

比如,"您说得非常有价值,我觉得受益匪浅,请您继续讲!"

#### 11.2.3.5 恰当的身体语言

给予表达方以恰当的身体语言,表明你准备或者在倾听,倾听的身体语言如下。
(1)可以示意,使周围的环境安静下来。

（2）身体坐直，拿出笔记本。

（3）身体前倾。

（4）稍微侧身面对对方。

（5）眼睛集中在对方身上，显示你给予发出信息者的充分注意。

（6）突然有电话打进来，你可以告诉对方一会儿再打过来。

（7）不要东张西望，若有所思。

（8）不应跷起二郎腿，双手抱胸，这样容易使对方误以为你不耐烦、抗拒或高傲。

### 11.2.4 正确地发问

其实，倾听不仅需要听，关键时候也需要提出问题，因此必须掌握正确发问方式，以此获取更多信息。发问的方式主要有图11-6所示的几种。

图11-6 正确发问的方式

#### 11.2.4.1 开放式发问

能够给予对方发挥的余地，讨论范围较大的问题以便获取信息。即使你不想要答案也要提问。这样可以使你借此观察对方的反应和态度的变化。

常用词语有：谁，什么时候，什么，哪里，为什么，怎么样，请告诉我等。

比如，"从哪里开始的？""你想这为什么会发生呢？""你认为有什么其他的原因吗？"

#### 11.2.4.2 清单式发问

提出可能性和多种选择的问题，目的在于获取信息，鼓励对方按对方优先顺序进行选择。

比如，"目前，公司员工士气低落，您认为是什么造成的？市场环境恶劣？工作压力太大？待遇不理想？"

#### 11.2.4.3 假设式发问

让别人想象，探求别人的态度和观点。目的在于鼓励对方从不同角度思考问题。

比如,"假设你们事先考虑了这个问题,结果会怎样?"

#### 11.2.4.4 重复式发问

重复信息以检验对方的真实意图。目的在于让对方知道你听到了这样的信息,并检查所得到的信息是否正确。

比如,"你谈到的想法是?""你刚才说的是?""如果我没有听错的话?""让我们总结一下好吗?"

#### 11.2.4.5 激励式发问

目的在于表达对对方信息的兴趣和理解,鼓励对方继续同自己交流。

比如,"您说的是……这太有意思了,当时您是……""这刚才提到……真是太有挑战性了,那后来……""这太令人激动了……您可不可以就有关……"

#### 11.2.4.6 封闭式发问

目的在于只需要得到肯定和否定的答复。常用的词语包括:是不是,哪一个,或是,有没有,是否。

比如,"过去是否发生过类似的情况?""对于这两种方案,你更倾向于哪一个?"

做一个好听众,鼓励别人说说他们自己。

——戴尔·卡耐基

## 11.3 清晰表达传信息

俗话说:"良言一句三冬暖,恶语伤人六月寒",语言可以给人以勇气、快乐和欣慰,同样也能给人以伤害、痛苦和愤怒,可见表达方式不同则效果大相径庭。

### 11.3.1 清晰表达的准则

"表达"拆字可分为:"表"把自己的思想和感情表现出来,"达"是指让对方能清楚知道你的思想和情感。沟通过程中,只要做到善于"表",注重"达",就能达到沟通的效果。

一般来说,职场中,遵守图11-7所示的准则,就能做到清晰表达。

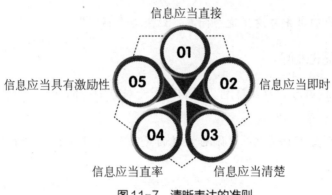

图 11-7　清晰表达的准则

### 11.3.1.1　信息应当直接

有效自我表达的首要条件，是知道什么时候该说什么话。这意味着你并非想当然地认为人们了解你的所思或所求。

"不直截了当"会让你付出巨大的情感代价。有些人知道什么时候需要沟通，但害怕这样做。相反，他们却试图去暗示，或通过第三方，希望最终能传到对方耳里。这种拐弯抹角的做法是有风险的。暗示常常会被误解或忽视。

### 11.3.1.2　信息应当即时

如果你痛苦或生气，或需要改变什么，延误沟通会使你的感受变差。你的愤怒可能会郁积在心里，你的挫败感可能会变成你心里长久的隐痛。你没有及时表达的情绪会在日后以微妙的方式表达出来。

有时候，没表达出来的感情像一个胀满的气球，稍稍一刺就会爆炸，倾泻出长期积累的愤怒和不快，这样暴发的脾气会使你的家人和朋友疏离，而迅速及时的沟通不仅能使人们知道你的需求并做出相应调整，更能增加人与人之间的亲密感。

### 11.3.1.3　信息应当清楚

清楚的信息才能完整而准确地反映你的思想、情感和需求。确保表达信息清楚有赖于你的意识，你必须知道自己观察到了什么，以及你有了怎样的反应。外界的所见所闻很容易与你内心的所思所感相混淆。要清楚地表达自我，就要花足够的工夫去区分这些要素。

### 11.3.1.4　信息应当直率

直率的信息是指说出来的目的与真实的沟通目的是一致的。伪意图和潜台词会破坏亲密关系，因为它们使你处于一种操纵别人而非平等待人的状态。当你的信息能直率地表达出来，你的真诚往往会打动对方。

#### 11.3.1.5 信息应当具有激励性

具有激励性是指信息足以让对方听下去,而不至于拒绝倾听。问问自己:"我希望别人怀着戒备心听我讲话,还是准确地把握我的信息?我的目的是贬损别人,抬高自己,还是沟通?"

### 11.3.2 清晰表达的要点

我们有时候会发现,不论自己如何尽力表达,就是不能让对方明白,这种沟通就是失败的,而清晰的表达就是以让双方彼此明白为最终目的。要做到清晰表达,需注意图11-8所示的几个要点。

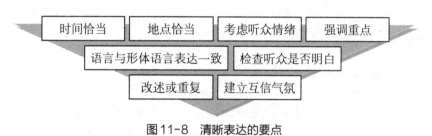

图11-8 清晰表达的要点

#### 11.3.2.1 时间恰当

根据实际情况,专门安排一个时间,使你和你的听众在这个时间里不受外界的影响进行交谈。如果事情很重要,可以安排较长的时间。同时,如果可能的话,尽量估计一下时间,告诉你的听众谈话会进行多长时间,并尽量在规定时间内结束。

#### 11.3.2.2 地点恰当

思考一下什么样的事情需要一个正式的场合,什么样的事情可以在一个较为宽松或随意的环境中交谈。一般情况下,以正式的方式与听众进行交谈,需要一个不受干扰的空间,不要一会儿走进一个人要你签字,一会儿又走进一个人要你处理其他事,这样会打断你的思路,同时,也会分散听众的注意力,不利于信息的正确表达。

#### 11.3.2.3 考虑听众情绪

表达应当确切、简明扼要和完整。拖泥带水,说了半天也说不清楚,或是以为你的听众没有明白,一个观点重复半天,很快就会使你的听众丧失耐心。所以,在你表达之前,应尽量做好准备,把要达到的目的、主要内容、如何进行表述粗略的组织一下。

#### 11.3.2.4 强调重点

告诉你的听众哪些内容需要他们格外重视。你可以在重点的地方稍做停顿,或是重复一下你的观点，或是征询你的听众对此的看法。这样就会避免出现你讲了半天，听众却不知道你究竟想说什么的尴尬局面。

### 11.3.2.5 语言与形体语言表达一致

形体语言有时会帮助我们加强表达，使表达更生动、有力和活泼，但也要注意张弛有度，以免起到相反的作用。

### 11.3.2.6 检查听众是否明白

在表达的过程中，要花些时间检查听众是否听明白了你所表达的内容。尤其对于重点的内容，你可以停下来，问一下你的听众，或者了解听众的状态。如果听众没有完全搞懂你所要表达的内容，你可以重复一下，或采用其他方法再讲一遍。这样，便于你及时发现问题，调整你的表述方式。

### 11.3.2.7 改述或重复

当你所要表达的意思对于听众来讲比较复杂，理解起来有一些难度的话，可以采用几种不同的方法，从问题的不同侧面进行阐述，或者多重复几遍，直到确认听众已经明白了所讲内容为止。

### 11.3.2.8 建立互信气氛

在表达前、表达中、表达后，最为关键的是建立一个相互信任的气氛和关系。如果大家互不信任，再好的表达也达不到效果。

## 11.3.3 避免不良表达

并不是所有的表达都叫有效表达，要令双方都明白对方的意思，才叫清晰表达。要清晰表达，就要认识以下几种不良表达，从而在自己表达过程中尽量避免。

### 11.3.3.1 准备不充分

在表达之前，应有一个比较完整、系统和有逻辑的计划。对想要说的事情做到心中有数，特别是清楚你要达到什么样的目的和效果，根据所要达到的目的和效果，确定开始说什么，应当如何展开，是由浅入深，还是一开始就切中要害。如何结束自己的表达，是自己总结要点，还是让对方总结，还是暂时得不到什么结论，需要听众自己进行思考总结。

没有进行预先的准备，常常导致表达中思路混乱，无法达到自己谈话的目的。更为严重的是，听众会误解你的意思，出现与你的初衷大相径庭的结果。

我们可能会过分注重自己所要表达的内容，而没有站在听众的角度上思考，一旦听众的反应"出乎意料"，我们就会感到措手不及，疲于应付，最后可能发现已经偏离了本意。

### 11.3.3.2　表达不当

即使我们事先对所要表达的内容进行了准备，但在表达过程中，不仔细选择用词，在讲的时候，不经过大脑的加工，一些话随意说出来，可能造成严重后果。

一些不当的表达如下。

（1）不考虑表达对象，语言比较粗俗。

（2）一些触及听众痛处的话，比如对方的外号，曾经的失误，对方不愿意别人知道的隐私等。

（3）一时兴起，把不该向听众泄露的信息泄露了出去。

肖经理和行政部的小王中午一起吃饭，聊得很投机，肖经理说："我就看不出你们部门的小张哪点比你强，怎么这次就派他去法国参加培训？"这个消息本来刚刚才在公司部门经理会上决定，还没有正式在公司会上宣布。

这样的一些话，一方面泄露了公司的机密，另一方面，很有可能使对方产生其他的想法，传达了错误的信息。

在说的过程中，注意把要说的话先在脑子里过一遍，不要话说出以后再后悔。

### 11.3.3.3　不注意听众的反应

在谈话过程中，我们可能只顾自己说，不去注意听众对沟通内容的反应。听众的反应可能来自以下一些他们的身体语言。

（1）不断看手表，说明他们可能还有其他的事情要去办。

（2）不时改变坐姿，可能表示他们对你的沟通不感兴趣。

（3）听众也可能通过急着打断你的讲话，来表示他们另外的想法。

快速思考为什么你的听众会如此反应，这些都是负面的反应，需要你及时调整谈话思路，从其他的角度、话题着手改进谈话。

相反，如果你感受到听众对你的谈话非常关注，他们可能通过把身体朝向你、点头、微笑等表示出来，这些都是正面的反应，说明听众对你的认可，你可以继续这种谈话风格、思路，并利用听众的正面情绪，达到你谈话的目的。

如果听众出现负面反应，而你却只顾按照自己的思路一味讲下去，或者虽然注意到了，但不能有效调整自己的思路，就无法向听众传达你的信息，听众也就无法认可你的信息，也就无法完成沟通的目的。

#### 11.3.3.4 时间和地点不恰当

若表达时选择的时间和地点不恰当,就会成为阻碍因素,这种阻碍可能直接就能表现在谈话时——谈话的地方人来人往,听众听不清楚你所说的话;听众后面还有重要的活动,你只有很短的时间进行表达。

#### 11.3.3.5 错误的"身体语言"

如果你在说话时喃喃自语、含糊其词、拖泥带水,眼睛不看着对方,说话的同时有很多容易令人分心的身体动作,如:眼睛始终"游离不定";看手表;手里玩笔、小纸条。

这些"小动作"一方面使听众不能集中随着你的话题进行思考,另一方面使听众不重视你的谈话,认为你的心思不在谈话上。

#### 11.3.3.6 自己对所表达内容不感兴趣

如果你对所表达的内容不感兴趣,那么干脆别说;出于职责,你必须要有所表达时,应当以利益为重。听众总会通过你的情感流露感受到这一点的。

> 名言警句
> 
> 一个人必须知道该说什么,什么时候说,对谁说,怎么说。
> 
> ——德鲁克

## 11.4 积极反馈促沟通

在沟通过程中没有反馈信息,沟通就不完善,是一种单向的行为。没有反馈就不能称为完整的沟通。反馈,就是给对方一个答复或建议,目的是为了帮助对方把工作做得更好。

### 11.4.1 反馈的类型

什么是反馈?反馈就是沟通双方期望得到一种信息的回流。我给你信息,你也要给我反馈信息。

反馈有两种,具体如图11-9所示。

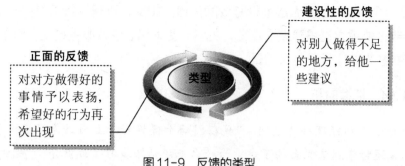

图 11-9 反馈的类型

> **达人秘诀**
>
> 建设性的反馈是一种建议,而不是一种批评,这是非常重要的。

## 11.4.2 给予反馈

如何才能更好地给予反馈呢？需要掌握一些反馈要点。

### 11.4.2.1 针对对方的需求

反馈要站在对方的立场和角度上,针对对方最为需要的方面给予反馈。

比如,在半年绩效考核中,下属渴望知道上司对他工作和能力的评价,并期待上司能为自己指明下一步努力的方向。如果作为上司,在绩效考核之后不反馈,或者轻描淡写地说一下,则会挫伤下属的积极性。

### 11.4.2.2 具体、明确

以下是给予具体、明确反馈的两个例子。

（1）错误的反馈

"小李,你的工作真的很重要啊！"

这种表述方式很空洞,小李也不知道为什么自己的工作重要,从而不能真正给小李留下深刻的印象。

（2）正确的反馈

"公司公文和往来信函,是一个公司素质高低的体现,代表着一个公司的水平、精神和文化。小李,你的工作真的很重要。"

这种对下属的反馈就不是空洞的、干巴巴的说教,而能起到事半功倍的效果。

### 11.4.2.3 有建设性

全盘否定的批评不仅是向对方泼冷水,而且容易被遗忘,下属很可能对批评意见不屑一顾，同严厉的上级无法进行有效的沟通。相反，赞扬下属工作中积极的一面，并对需要改进的地方提出建设性意见，更容易使下属心悦诚服地接受，对于大多数人来讲，赞扬和肯定比批评更有力量。

### 11.4.2.4 把握时机

销售部小王到经理办公室问："我在门店干得挺好，上周还是门店销售周冠军，有一位顾客还特意到店里表扬了我，为什么您评估给我打了最低分。"他的情绪非常激动。经理仔细地听小王的叙述，并没有做进一步的说明。只是要小王回去，写一个报告。两天之后，经理找小王进行了一次真诚的谈话。

如果经理在小王情绪非常激动的时候，告诉他给他打低分的原因，小王肯定听不进去，这样的反馈不会取得任何功效，反而可能会加深小王心中对上司的不满，也无益于改进工作方法。

### 11.4.2.5 集中于对方可以改变的行为

这样可以不给对方造成更大的压力，应让对方感到在自己的能力范围内能够进行改进。

小罗的字写得潦草，但打字的速度很快，那么，当小罗交给你一份字迹潦草的报告时，你可以给予他这样的反馈：建议小罗下次交电子版打印的报告。小罗认为打字根本不是问题，他会乐意接受你的建议。

### 11.4.2.6 对事不对人

进行反馈时，我们是针对对方所做的事、所说的话，通过反馈，更重要的是让对方清楚我们的看法，有助于使对方的行为有所改进。

### 11.4.2.7 考虑对方接受程度，确保理解

大多数下属都能赞同上司对他工作做出的坦诚和有启发性的反馈，但是也存在着下属一次能够吸收多少的问题。把反馈的重点放在最重要的问题上，一方面能确保观点清晰，另一方面可较少地占用下属时间。

在交谈中，判断比雄辩更重要。

——格拉西安

# 第 12 章
# 掌握沟通的技巧

---

### 导言

说对话才能做对事,无论是在战略执行中,还是在商务谈判中,甚至是同事关系处理方面,良好的沟通都是前提。如果你不是那种善于交流的能手,那么试着改变沟通方式,掌握不同的沟通技巧也有助于不断提升自己。

### 思维导图

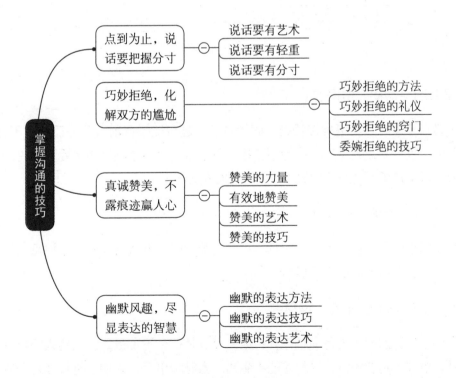

## 12.1 点到为止，说话要把握分寸

说话要根据时间、人物、事件、地点的不同，相应地调整其长短、轻重、严松、快慢，这样才叫说话有分寸。

### 12.1.1 说话要有艺术

俗话说：一句话可以把人说跳，一句话也可以把人说笑。语言的力量就是这样神奇，既能给人带来勇气和欢乐，也能给人带来沮丧和烦恼。一个人要想在职场中受人欢迎，为人处世游刃有余，关键就在于你会不会说话。因此，作为职场人士，有必要掌握图12-1所示的说话艺术。

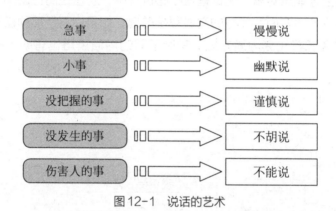

图 12-1 说话的艺术

#### 12.1.1.1 急事，慢慢说

在遇到急事时，话更要慢慢说。因为越急，越可能说得前言不搭后语或不得体，容易误事，也容易让人觉得你冲动不稳重。急事慢慢说，才能把事情处理得更好，也才能给人留下遇事不乱、成熟稳重、可堪信任的印象。

#### 12.1.1.2 小事，幽默说

在你想给别人一些善意的提醒时，用开玩笑的轻松方式说出来，不但可以让人愉快地接受，还能增进彼此间的感情。

#### 12.1.1.3 没把握的事，谨慎说

谨慎是一种态度，更是一种修养；如果没有把握，不说最好。在别人问起或不得不说时，措辞一定要谨慎，这样才能不犯错。当时和事后，人们会觉得你是个值得信任的人。

#### 12.1.1.4 没发生的事，不胡说

流言止于智者。制造谣言或传播谣言，是人的品质、修养和辨别力不够的体现。所以遇事要多些怀疑，对还没发生的事，绝不可信口雌黄。

#### 12.1.1.5 伤害人的事，不能说

俗话说："良言一句三冬暖，恶语伤人六月寒。"言语的杀伤力是巨大的，千万不可轻视，要少说甚至不说伤害人的话，多说暖心、对人有益的话。是一种善良，也是一种慈悲，还是处世的良方和增进感情的秘方。

### 12.1.2 说话要有轻重

事情有缓急，说话有轻重。有些人在日常工作中，对问题缺乏理智，不考虑后果，一时兴起，说话没轻没重，以致说一些既伤害他人，也不利自己的话。说话要把握轻重，点到为止，给人留面子。具体方法如图12-2所示。

图 12-2 说话要有轻重

#### 12.1.2.1 响鼓不用重槌敲

在与别人说话时，不用说得太露骨，稍微做一点暗示，旁敲侧击，对方就会明白。而且这种方式也能显示出说话者说话的技巧和魅力。

赵某是工厂里的一名班组长，最近小王调到了赵某的班组，过去的班长对小王的评语是：时常迟到，工作不努力，以自我为中心，喜欢早退。过去的班组长对小王束手无策。第一天上班，小王就迟到了5分钟，中午又早5分钟离岗去吃饭，下班铃声响前的10分钟，他已准备好下班，次日也一样。赵某观察了一段时间，发现小王缺乏时间观念，但工作效率却极佳，而且成品优良，在质管部门都能顺利通过。于是，赵某对小王微笑着说："如果你时间观念和你的工作效率同样优秀，那么你将成为一个完美的人。"此后赵某每天都跟小王说这句话。时间久了，小王反而觉得过意不去了，心想：过去的班长可能早就对我大发雷霆了，至少会斥责几句，但现在的班长竟然毫无动静。

感到不安的小王，终于决定在第三周星期一准时上班，站在门口的赵某看到他，

便以更愉快的语气和他打招呼，然后对换上工作服的小王说："谢谢你今天能准时上班，我一直期待这一天，这段日子以来你的成绩很好，如果你发挥潜力，一定会得绩优奖。"

赵某对待小王的迟到，没有采取喋喋不休的方式批评，而是点到为止，让其自动改正错误。

如果听话人是一个非常明白事理的人，你说的话就不必太重，点到即止，因为对方就像一面灵通的"响鼓"，鼓槌轻轻一点，就能产生明确的反应。对这样的人，又何必用语言的鼓槌狠狠地擂呢？

### 12.1.2.2　发生冲突时切忌失去理智

人与人之间难免因某种原因产生摩擦，这时，如果把话说得过重，就会使矛盾激化，相反，如果压制自己的情绪，则会让事态平息下来。

压制自己的情绪，在遇到愤怒的事情时，切勿失去理智，口不择言。通常很多"过头话"都是在感情激动时脱口而出的。

比如，吵架时说的"我一辈子也不想见到你！"这话显然是气话、"过头话"，是感情冲动状态下的过激之言。事过之后，冷静下来，往往追悔莫及。

### 12.1.2.3　简单否定或肯定他人不可取

对他人的评价是最为敏感的事情，应格外慎重。尤其是对自己不喜欢的人做否定性评价时，更应注意公正、客观，不要言辞过激。

例如某下属办糟了一件事，在批评他时，领导说："你呀，从来没办过一件漂亮事！"这话就说得过于绝对，对方肯定难以接受。如果换种说法："在这件事上，我要批评你，你考虑得很不周到！"这样有限度的批评，对方就会容易接受，愿意认错。

因此，对他人做肯定或否定性评价时，要注意使用必要的限制性词语，以便对评价的范围做准确的界定，恰当地反映事物的性质、状态和发展程度。只否定那些应该否定的东西，千万不要不分青红皂白，"一言以蔽之"。

### 12.1.2.4　拿不准的问题不要武断

凡是对自己没有亲历，或不了解的事实，或存有疑点的问题发表看法时，要注意选择恰当的限制性词语，准确地表达。

如说："仅从已掌握的情况来看，我认为……""如果情况是这样的话，我认为……""这仅仅是个人的意见，不一定正确……"

这些说法都给发言做了必要的限制，不但较为客观，而且随着掌握的新情况增多，有进一步发表意见，或纠正自己原来看法的余地，较为主动。

### 12.1.3 说话要有分寸

要让说话不失"分寸",除了提高自己的文化素养和修养外,还必须注意图12-3所示的几点。

图12-3 说话要有分寸

#### 12.1.3.1 说话时要认清自己的身份

任何人,在任何场合说话,都有自己的特定身份。这种身份,也就是自己当时的"角色地位"。

#### 12.1.3.2 说话要尽量客观

这里说的客观,就是尊重事实。事实是怎么样就怎么样,应该实事求是地反映客观实际。有些人喜欢主观臆测,信口开河,这样往往会把事情办糟。当然,客观地反映实际,也应视场合、对象,并注意表达方式。

#### 12.1.3.3 说话要有善意

所谓善意,也就是与人为善。说话的目的,就是要让对方了解自己的思想和感情。在人际交往中,如果把握好这个"分寸",那么,你也就掌握了礼貌说话的真谛。

*讲话犹如演奏竖琴:既需要拨弄琴弦奏出音乐,也需要用手按住琴弦不让其出声。*

*——霍姆斯*

## 12.2 巧妙拒绝,化解双方的尴尬

明确直接地拒绝他人,有时会让自己过意不去,也令对方感到尴尬。这就需要采

用一些巧妙委婉的拒绝方式，既表达了自己的意愿，又将对方的失望与不快情绪控制在最小范围内，不影响彼此之间的人际交往。

### 12.2.1 巧妙拒绝的方法

作为职场人士，不管是在生活中，还是在工作中，总是难免要在适当的时候拒绝别人，但又不能影响同事之间的感情，这可是人际交往的关键，那应该怎样巧妙拒绝别人呢？可参考图12-4所示的方法。

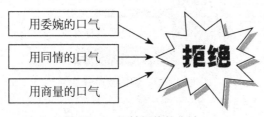

图12-4 巧妙拒绝的方法

#### 12.2.1.1 用委婉的口气拒绝

试比较一下，"我认为你这种说法不对"与"我不认为你这种说法是对的"这两种表达方式。我们不难发现，尽管前后的意思是一样的，但后者更为委婉，较易为人接受，不像前者那样有咄咄逼人之势。

比如，别人求你办一件事，你回答说"办不到"，会引起对方不快。但如果你说："这件事目前恐怕难以办到，以后再说吧，我留意着。"对方会更易接受。

#### 12.2.1.2 用同情的口气拒绝

对方遇到繁难，而自己爱莫能助时，先表达同情，再拒绝，效果可能会好很多。

#### 12.2.1.3 用商量的口气拒绝

如果有人邀请你参加聚会，而你偏偏有事缠身无法接受邀请，你可以这样说："太对不起了，我那天的确有其他事，下次行吗？"这句话要比直接拒绝好得多。

### 12.2.2 巧妙拒绝的礼仪

职场人士在谈判过程中，往往会碰到这样的事：对方提出要求，希望能同意，然而面对有损于己方利益的要求又必须拒绝。而拒绝也是有礼仪要求的，那就是要采用一些巧妙而委婉的拒绝方式，设法不让对方或自己陷入紧张状态之中。一般来说，拒绝的礼仪方式主要有图12-5所示的两种。

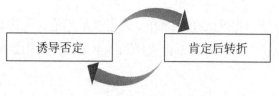

图 12-5　巧妙说"不"的礼仪

#### 12.2.2.1　诱导否定

在对方提出问题之后，不马上正面回答，而是先讲一点理由，提出一些条件或反问一个问题，诱使对方自我否定，主动放弃原来提出的问题。

1972 年 5 月美国和苏联关于限制战略武器的四个协定刚刚签署，基辛格在莫斯科一家旅馆里向随行的美国记者团介绍情况，当他说到"苏联生产导弹的速度每年大约 250 枚"时，一位记者问："我们呢？我们有多少潜艇导弹在配置分导式多弹头，有多少'民兵'导弹在配置分导式多弹头？"基辛格回答说："我不确切知道正在配置分导式多弹头的'民兵'导弹有多少。至于潜艇，我的苦处是数目我是知道的，但我不知道是不是应该保密"。记者说："不保密"。基辛格说："不保密的吗？那你说是多少呢？"记者愣了一下，笑了。

这就是用诱导的方法，诱使提问者陷入了自我否定之中，解除了回答之难。

#### 12.2.2.2　肯定后转折

先肯定对方的说法，再转折一下，最后予以否定。肯定是手段，否定是目的。先予以肯定，可使对方在轻松的心理感受中，继续接受信息。尽管最终是转折了，但这样柔和地叙述反对意见，对方较易接受。在社交中，这种拒绝法是颇为有效的。

### 12.2.3　巧妙拒绝的窍门

不管怎样"巧妙"，遭到拒绝总归是不愉快的。要如何才能让这种被拒绝的不愉快降到最低限度呢？图 12-6 所示的是几个巧妙拒绝的小窍门。

图 12-6　巧妙拒绝的窍门

#### 12.2.3.1 时机要适宜

在拒绝时,一般是早拒绝比晚拒绝好。因为及早拒绝,可让对方抓住时机争取其他出路。无目的地拖拉,对他人是不负责任的。至于地点,拒绝时一般将对方请到自己办公室比较好。

#### 12.2.3.2 不要伤害对方的自尊

人都是有自尊心的。当你在拒绝别人时,一定要先考虑到对方可能产生的反应,所以要注意选择恰当的词语。

比如你在拒聘某人时,若只顾罗列他的缺点,肯定会伤害他的自尊心。那么你不妨先称赞他的优点,然后再指出他不适合这项工作的地方,说明不得不这样处置的理由,对方也会更容易接受,甚至感激你对他的肯定。

#### 12.2.3.3 态度要真诚

我们"巧妙"的目的,无非就是为了减轻双方,尤其是对方的心理负担,并非玩弄"技巧"来捉弄对方。因此,在你巧妙拒绝对方时,态度一定要诚恳、真挚。

特别是领导拒绝下属、长辈拒绝晚辈的要求时,更不能盛气凌人,要以同情的态度、关切的口吻讲述理由,争取他们的谅解。在结束交谈时,要热情握手,热情相送,表示歉意。

> **达人秘诀**
> 一次成功的拒绝,也可能为将来的重新握手、更深层次的交际播下希望的种子。

### 12.2.4 委婉拒绝的技巧

在职场中,掌握如图12-7所示的巧妙拒绝的技巧,可以把拒绝所带来的遗憾降到最低限度。

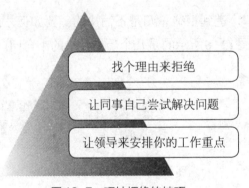

图12-7 巧妙拒绝的技巧

#### 12.2.4.1 找个理由来拒绝

拒绝他人，得有个理由。倘若"无理由"拒绝，就显得"不通情理"。这时，我们不妨试试"婉陈事由"的方法，即在拒绝他人的时候，委婉地向对方陈述客观事实，摆出正当理由，表达含蓄又不伤人，取得相互理解、相互体谅的良好效果。

一天，小袁的好友小芳打电话来求助："小袁，有个事儿要拜托你。""什么事啊？""哎，我男朋友要给日本客户做批东西，但说明书全是日文，正巧你是学日文的，帮他看看呀。"

小袁很清楚，专业说明书的翻译不是个简单的事，更何况这阵子手头工作又多，于是考虑了一会儿，非常客气地说："并不是我不愿意帮忙，你知道的，产品说明书这种东西很专业，我在大学学的不是专业翻译，这些年又没接触过，那点知识早还给老师了，凭现在这水平恐难胜任啊。""别谦虚，你在大学的时候可是我们班最优秀的，我对你很有信心。""可我对自己没信心啊，要是搁平时还好点儿，这段时间公司经常加班，急着赶一个策划书，我可是奋战了三天三夜啦，忙得一塌糊涂，现在一看文件就头疼。我想你男朋友的文件一定非常重要吧，为了不耽搁事儿，建议还是找翻译公司做比较合适。"

小芳想了想说："嗯，也是，专业翻译确实是件棘手的事，那就让他交给翻译公司做好了。你啊，别太累了，要注意休息，保重身体！"

面对小芳的请求，小袁分三步进行巧妙地推脱：先是坦言相告"产品说明书很专业"，而自己又是"非专业"出身，水平差，难以胜任，说得很谦虚；面对小芳的"纠缠"和穷追不舍，小袁又摆出客观原因，"这段时间公司经常加班，急着赶一个策划书……"，委婉地陈述事由，说得很实在；"为了不耽搁事儿"，小袁还建议小芳去找翻译公司，给出实际建议并且说得很真诚。

小袁这番婉拒的话，不刺耳、不伤人，在理又得体，小芳自然不忍心再给她添麻烦，便愉快地接受了建议，并且叮嘱小袁"要注意休息，保重身体"。

#### 12.2.4.2 让同事自己尝试解决问题

小刘是一家公司市场部的老职员，前段时间，公司招了几个新员工，由于是新手，因此很多事情都需要小刘帮忙。小刘觉得，自己帮忙带新人是应该的。但部门领导交代了一些基本性工作给新人后，小刘的烦恼也来了。因为小刘的性格比较开朗，新员工觉得她好相处，有了困难更是愿意找小刘帮忙。一开始，小刘还挺热心帮忙的，但到后来，帮新人的忙影响到了小刘自己手头的工作，不仅自己的工作思路常常被新员工的请求给打断，而且影响到了工作的进度，甚至有时候，她需要加班才能完成自己的工作。虽然小刘被这样的情况所"绑架"，但每当新员工请她帮忙时，她又实在说不出"不"。

像小刘这样的职场"老好人"往往不懂得拒绝他人，认为拒绝他人会有损自己面子，还会伤害他人的感情，"两败俱伤"的情况下，他们往往会选择只伤害自己。其实，懂得拒绝他人也是一个成功职场人士需要具备的技能。拒绝他人但又不伤感情，需要讲究拒绝的方法。遇到小刘这样的情况，可以微笑地告诉同事自己有很多事情要处理，让新员工自己尝试解决问题。这样，不但可以成功脱困，而且也不会破坏同事关系。

### 12.2.4.3 让领导来安排你的工作重点

相比拒绝同事，拒绝领导可能更令人头疼。一般职场人士面对领导提出的要求往往会无条件接受，不论是安排大量工作，还是加班，甚至是安排你去完成别人的工作，很多人都只好硬着头皮答应，这仿佛成了一种惯性。但有时候，随着你完成以上工作后，你的工作量会越来越大，剥夺了你的休息时间，甚至久而久之领导会认为这都是你分内的事，下次完成不了，反而会挨批。

要拒绝领导的安排，首先要肯定这一安排，因为多分配工作给你，说明领导器重你。然后就可以摆出自己手头的工作，工作的重要程度和时间先后，说明如果要完成额外工作会耽误现在手头的工作，请领导来决定如何处理。这样做既尊重了领导，又说明了情况，不会让领导觉得你推卸责任，也能摆脱工作量越来越多的困境。

## 12.3 真诚赞美，不露痕迹赢人心

喜欢听好话被赞美是人的天性之一。每个人都会对来自社会或他人的恰当赞美感到自尊心和荣誉感的满足。当我们听到别人对自己的赞美时，会感到愉悦和鼓舞，不免会对赞美者产生亲切感，从而使彼此之间的心理距离逐渐靠近。人与人之间的融洽关系就是从真诚赞美开始的。

### 12.3.1 赞美的力量

赞美是我们发自内心地欣赏他人，然后用真诚的语言表达给对方的过程；赞美是我们对他人关爱的表现，是职场中一种良好的人际沟通，是同事之间相互关爱的体现。适当的职场赞美能使我们的情绪平静，享受到被关爱的感觉。

赞美确定有种让人难以抗拒的魔力。其实，在职场上，赞美他人是件非常容易的事情——从"你今天气色不错"到"这个新发型很适合你"，或者"你的策划非常棒，对公司的发展很有帮助"，甚至是一句"你可以的，一定能做到"的鼓励，都会让对方感觉到被关注，无形中拉近你与同事之间的距离。

大学毕业，进入一家出国咨询公司做高级文案的小丁，从事着文字翻译工作，她行事小心翼翼，态度谦和，很少有机会锻炼说话的能力。

工作了一段时间后，她跳槽到了一家新公司。刚到新公司第一个月，老板非常欣赏地对她说："小丁好样的，你已经是公司正式员工了。"听后，她开心不已，下班后还乐颠颠地继续干活。"小丁，你的翻译文案写得真好，当初我做了好几年才能写出这个水平。"小丁觉得自己这段时间的辛苦确实没有白费，老板的赞赏是对她最大的认同。此后，小丁一改曾经的慢条斯理，话变多了，她将自己的改变归功于老板的赞美，她说："是老板的赞美令我的生活变得如此多姿多彩。"

在职场，对不同职位、不同性别，赞美的出发点不同，所起到的效果和作用也各异。想要使赞美起到良性作用，首先要摆正自己的心态，知道自己的角色定位。

作为一名普通员工，适当的赞美可以营造一个良好的工作环境。而同事或上司对员工的赞美，则是一种激励和鞭策，是进步的动力；想要获得别人的赞美，就要先付出艰辛的劳动。

### 12.3.2 有效地赞美

职场中，上到领导，下至同事间各种复杂的人际关系，为什么很多人疲于应付，有的人却可以游刃有余？这是因为他们掌握了许多职场人际沟通的技巧，学会赞美就是其中之一。

有效的赞美不是谄上媚下，不是圆滑世故，有效的赞美能令人对你印象深刻，是职场人际沟通的重要技巧。那么如何更有效地赞美他人呢？具体要求如图12-8所示。

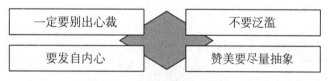

图12-8 有效赞美的方法

#### 12.3.2.1 一定要别出心裁

赞美要别出心裁，如果你想赞美的点和别人一样，该怎么办呢？说话的关键不在于说什么，而在于怎么说。

比如，你看见一个同事新发了一张自己的照片，可能已经有很多人在照片下面留言："哇，真帅""穿西装真好看""特别有气质"云云。但你就不能也这样说，你可以说"都说人的左右脸会有所差别，你一定是左右脸完全对称的极少数，所以看起来特别帅"。

#### 12.3.2.2 要发自内心

发自内心的赞美，一定是有效的。即使没有华丽的辞藻，也一定可以打动人心。这是因为人与人之间都有相互的感知，你的真诚他人一定可以感受得到。

#### 12.3.2.3 不要泛滥

同样的一句美言，一个人听第一遍可能很开心，听第二遍就没有那么强烈的感觉了，听十遍可能都腻了。这属于边际效益递减。

一位漂亮女士前天听到别人说"美"，昨天又听到一句"真漂亮"，今天还是"你真的好漂亮"。她会觉得那是陈词滥调。所以，对同一个人的赞美需要不时换一点新的花样，从不同角度去赞美他或她。

#### 12.3.2.4 赞美要尽量抽象

赞美的一个原则就是要尽量把具体的事情提高到抽象的高度。与此相反，批评他人的时候要尽量从抽象的层面降低到具体的角度。

如果你被一张照片打动，你可以说"这张照片色调真是太美了"或者"构图真棒"，但更出色的赞美是"你真是一个伟大的摄影家，总是那么有洞察力，深邃却又细腻，你的照片就像是你的第三只眼，透过它呈现出来的世界是那么动人。"

### 12.3.3 赞美的艺术

赞美是一种堂堂正正、光明正大的处世艺术。但如果不能很好地把握赞美的尺度，就不能实现赞美的目的，甚至会适得其反。在赞美他人时我们应该掌握图12-9所示几个方面的尺度。

图12-9 把握赞美的尺度

#### 12.3.3.1 多观察，不要犯忌讳

每个人都有自己的忌讳，赞美他人时如不小心冲撞了对方，会引起对方的反感，有的甚至招来怨恨。

#### 12.3.3.2 要得体不可过于夸张

夸张是语言的一种修辞方法，在赞美他人时适当地夸张一点能够有利于表达自己的感情，对方也乐于接受，但过分夸张就有阿谀奉承之嫌。赞美要发自内心、真心实意。言不由衷或言过其实，对方都会怀疑赞扬者的真实目的。有涵养的人都喜欢自然朴实的赞美。

比如，对于一般知识分子，你夸他智力超群，独树一帜，会令人生厌；对长相一般的女性，你夸她美貌过人，她会认为你在讽刺她。

#### 12.3.3.3　要新颖

赞美要给人一种美的享受，语言要力求新颖、不落俗套，避免陈词滥调。

（1）切忌盲目模仿

一些人在公共场合赞美别人时，自己想不出怎样赞美，只能跟别人说重复的话，附和别人的赞美。常言道："吃别人嚼过的肉不香。"

（2）避开公认特长

每个人都有一技之长，大家往往都很容易发现这一点，赞美某项专长的人也最多，时间长了，被赞美的人听腻了，对这方面的赞美也就无感了。

（3）避开套词俗语

一些刚刚踏入职场的人士没有社交经验，常常用诸如：久仰大名、如雷贯耳、百闻不如一见、生意兴隆、财源广进等俗套的词作为赞美之词来恭维他人。这种公式化的套词，使人感觉缺乏诚意，甚至给人留下不值得深交的印象。

#### 12.3.3.4　不要说外行话

赞美他人是对他人的认可和肯定。所以在赞美时，要慎重选择赞美的角度，不要不懂装懂，落人笑柄。

有个年轻人不懂诗，但一个偶然的机会，他有幸遇到了一位诗人。年轻人趁机恭维道："您的诗写得再好不过了，我读得云山雾罩。"用这种词，简直是在亵渎诗人的作品。

要想不说外行话，在赞美时要注意：

（1）多类比自己熟悉的事物。

（2）赞美专业人士可用模糊语言。专业人士比你要懂得多，没有必要在赞美时说得过于具体。

比如，对书法家，称赞他们字写得好，可以说"您的字写得太好了，什么时候指点指点我。"这样即可，没有必要具体说他的字好在哪里。

（3）适可而止。赞美他人的动机大多是良好的，但如果不把握好分寸和尺度，就会产生一些不良的后果，掌握赞美他人的艺术需要我们在生活中多观察、多总结，这样才能准确恰当地运用它，达到我们与他人沟通的目的。

### 12.3.4　赞美的技巧

（1）赞美对方要有发自内心的真情实感，这样的赞美才不会给人虚假和牵强的感觉。带有情感体验的赞美既能体现人际交往中的互动关系，又能表达出自己内心的美好感受。

（2）赞美他人时，注意观察对方的状态是一个很重要的过程，如果恰逢对方情绪特别低落，或者有其他不顺心的事情，过分的赞美往往让对方觉得不真实，所以一定要注重对方的感受。

（3）赞美的场合也很重要。一间办公室里，当大家都在夸某个同事，你即便是不想随声附和，也不能表现得很冷淡，同事可能会认为你对他有看法。

（4）"凭你自己的感觉"是一个赞美别人的好方法，每个人都有灵敏的感觉，也能同时感受到对方的感觉。要相信自己的感觉，恰当地把它运用在赞美中。如果我们既了解自己的内心世界，又经常去赞美别人，相信我们的人际关系会越来越好。

总之，一句恰到好处的赞美能激发我们工作的热情，我们听到赞美的话语时，就会觉得自身价值得到了肯定，自身的工作能力得到了认同。同样，你把真诚的赞美之词带给你身边的每一个人，日积月累，你的职场关系等便会得到显著提升，而你周围的同事和上司也会因为你而变得快乐，你的事业也会在这种欢声笑语的氛围中迅速发展开来。

---

 **相关链接**

#### 怎样赞美别人效果最好

美国心理学家威廉·詹姆斯指出："渴望被人赏识是人最基本的天性。"赞美他人是一件好事，但绝不是一件易事，开口前我们一定要审时度势，让自己的言行成为成功交流的润滑剂。

**1. 赞美要说小细节**

美国管理学家内梅罗夫博士建议，赞美他人时最好回想某一特定情况，描述出具体的行为。夸赞别人越具体越好，说一百遍"你真漂亮"，不如说一句"你今天的衣服搭配得很时尚"。

**2. 指出别人的变化**

付出努力之后，每个人都希望能得到肯定。细心的人会留意这种小改变并及时指出，比如"你最近减肥很成功""这个设计做得真不错"等，这会给对方一种你很在乎他的感觉。

**3. 拿自己作对比**

如果把自己作为参照物，会显得格外真诚。比如告诉对方，他帮你挑选的东西比上次你自己买的要好，对方一定会感到莫大的鼓舞，增加对你的好感。

**4. 背后夸赞效果好**

背后颂扬别人的优点，比当面恭维更为有效。把对别人的赞许在与朋友闲聊时提几句，这些话通过朋友传到对方耳朵里，他一定会相信你的赞美是真诚的。

**5. 回应别人的得意之事**

人们说到得意的事情时，希望得到及时的回应。此时，给予适当的赞美恰到好处，可以通过"我也觉得你做得很棒"等，表达自己的敬佩和感叹。

## 12.4 幽默风趣，尽显表达的智慧

幽默是智慧的体现，在平时交往中，如果能恰当使用些幽默诙谐的语言，会取得出人意料的效果，不仅能活跃气氛，而且还能很好地表达自己的观点和思想。

### 12.4.1 幽默的表达方法

恩格斯说，"幽默是有智慧、有教养和道德优越的表现。"含蓄有力，使人在解颐之余回味无穷，并能得到智慧的启迪，这便是幽默。幽默来自现实生活，其形成的方法不一而足。图12-10所示的就是几种常用的幽默表达方法。

图12-10 幽默的表达方法

#### 12.4.1.1 答非所问法

答非所问，即回答别人的问题时，利用语言的歧义性和模糊性，故意错解对方的说话，说东答西。这种说话方式在回答对方的问题时，一般都会产生特别的幽默感，出奇制胜。

#### 12.4.1.2 巧作类比法

对于有些人的提问，正面回答极易落入俗套，也不能满足提问者的诉求，聪明的人往往漫不经心地似答非答，然后巧作类比，占据主动，让对方折服。

#### 12.4.1.3 曲线进攻法

在职场上，有时与自己的同事或上司说话，需要讲点"转弯"的艺术，若只会直来直去，让对方难以接受，则很难达成沟通的目标。在这种情况下，"曲线进攻"便是良方。

#### 12.4.1.4 因势利导法

在一些争论的场合应时刻注意周围人的情绪，尽量调动他人来支持自己的观点，巧妙地因势利导，进而寻找一个突破口，借助他人力量，给对手一定压力。

萧伯纳的剧本《武器与人》首次公演获得巨大成功。观众要求萧伯纳上台接受群众的祝贺。可是当萧伯纳走上舞台，准备向观众致意时，突然有一个人对他大声喊叫："萧伯纳，你的剧本糟透了，谁要看？收回去，停演吧！"观众以为萧伯纳一定会非常气愤，谁知萧伯纳不但不生气，反而笑容满面地向那个人深深地鞠了一躬，彬彬有礼地说："我的朋友，你说得很好，我完全同意你的意见。"说着，他转向台下观众说："但遗憾的是，我们两个人反对这么多观众有什么用呢？单靠我们两人能禁止这剧本吗？"两句话引起全场一阵响亮的笑声，紧接着是观众对萧伯纳报以热烈的掌声。而那个挑衅者则灰溜溜地逃出了剧场。

#### 12.4.1.5 声东击西法

在有些场合，相同意思的话用不同的语言来表达，效果迥异。有时言在此而意在彼，令人回味无穷。

有一对夫妻，妻子特别喜欢唱歌，但水平较差，有时扰得丈夫无法休息，丈夫多次劝说也无济于事。有一天，时到深更半夜，妻子又自得其乐地唱了起来，丈夫急忙跑到大门口站着，妻子不解地问道："我最近每次唱歌时，你干吗总是要跑出去站在门口呢？"丈夫一字一顿地说："我这样做是为了让邻居知道，我并没有打你。"

这位丈夫的回话，表面上好似答非所问，实则是采用的一种声东击西的说话艺术，这一回话，言在说妻子发出的声音不是丈夫打所致，意在讽刺妻子唱得难听，好似被打得惨叫一般，幽默而讽刺。

#### 12.4.1.6 另辟蹊径法

很多人在与他人说理时,往往会不经意触碰他人"自尊",从而火上浇油,倘若我们能另辟蹊径,改变说话的方式,其效果会完全不同。

### 12.4.2 幽默的表达技巧

通过说话,别人能知道你是一个怎么样的人,但同样一句话如果换个方法说可能会让人更易接受,说话幽默的人总是更受欢迎。那么,幽默有什么表达技巧呢?具体如图12-11所示。

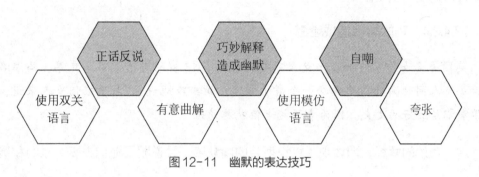

图12-11 幽默的表达技巧

#### 12.4.2.1 使用双关语言

所谓双关,是指说出的话包含了两层含义:一个是这句话本身的含义;另一个是引申的含义,幽默由此产生。也可说是言在此而意在彼,让听者不止从字面上去理解,还能领会言外之意。

#### 12.4.2.2 正话反说

说出来的话,所表达的意思与字面完全相反,就叫正话反说。如字面上肯定,而意义上否定;或字面上否定,而意义上肯定。这也是产生幽默感的有效方法之一。

有一则宣传戒烟的公益广告,上面完全没提到吸烟害处,相反的却列举了吸烟的四大好处:一可省布料,因为吸烟易患肺病,胸痛导致驼背,身体萎缩,所以做衣服就不用那么多布料;二可防贼,抽烟的人经常夜间咳嗽不止,贼以为主人未睡,便不敢行窃;三可防蚊,浓烈的烟熏得蚊子受不了,只得远远地躲开;四可永葆青春,过量吸烟不等年老便可能去世。

这里说的吸烟的"四大好处",实际上都是吸烟的坏处,是正话反说,让人们在调侃中悟出其真正要说明的道理,即吸烟危害健康。

### 12.4.2.3 有意曲解

所谓曲解，就是歪曲、荒诞地进行解释，以一种轻松、调侃的态度，对一个问题进行广泛的解释，将两个表面上毫无关联的东西联系起来，造成一种不和谐、不合情理、出人意料的效果，从而产生幽默感。

一位妻子抱怨她的丈夫说："你看邻居马先生，每次出门都要吻他的妻子，你就不能做到这一点吗？"丈夫说："当然可以，不过我跟马太太不太熟啊。"

这位妻子的本意是要她的丈夫在每次出门前吻自己，而丈夫却故意曲解为让他吻马太太，这便产生了幽默。

### 12.4.2.4 巧妙解释造成幽默

英国著名女作家阿加莎·克里斯蒂同比她小13岁的考古学家马克恩·马温洛结婚后，有人问她为什么要嫁给一个考古学家？她幽默地说："对于任何女人来说，考古学家都是最好的丈夫。因为妻子越老他就越爱她。"

这一巧妙的解释，即体现了克里斯蒂的幽默感，又说明了他们夫妻关系的和谐。

### 12.4.2.5 使用模仿语言

即模仿现存的词、名、篇、句式及语气而创造新的语言，是幽默方式中很常见的一种，往往借助于某种违背正常逻辑的想象或联想，把原来的语言要素用于新的语言环境中，造成幽默感。

### 12.4.2.6 自嘲

幽默的一条重要原则，就是宁可取笑自己，绝不轻易取笑别人。海利·福斯第曾经说过："笑的金科玉律是，不论你想笑别人什么，先笑自己。"自嘲，也是自知、自娱和自信的表现，本身也是一种幽默。

### 12.4.2.7 夸张

将事实进行无限制的夸张，造成一种极不协调的喜剧效果，也是产生幽默的有效方法之一。

某幽默大师有一次坐火车到一所大学讲课。因为离讲课的时间已经很近了，他十分着急，可是火车却开得很慢，于是他想出了一个发泄怨气的办法。

当检票员过来检查票时，他递给检票员一张儿童票。这位检票员也挺幽默，故意仔细打量，说："真有意思，看不出来您还是个孩子啊！"

幽默大师回答:"我现在已经不是孩子了,但我买火车票时还是孩子,火车开得实在太慢了。"

### 12.4.3 幽默的表达艺术

在工作场合,性格好的人,可以感染大家,对工作产生正面影响,幽默的语言也是如此,但是幽默要讲究方法,特别是在工作环境里。

(1)幽默是一门艺术,你要发挥你的幽默时,需要选择适当的时间和场合,比如选择在工作休息间隙,和大家开玩笑,这时候会取得很好的效果。

(2)在说一些幽默语言的时候要分清对象,例如哪些同事可以开玩笑,哪些同事不适合开玩笑,这样才可以有的放矢,提升个人魅力。

(3)幽默是一种技巧,当你在单位和领导谈话的时候,如果领导心情很不错,我们可以开一个恰当的玩笑,这样可以使谈话的氛围更融洽。

(4)当你使用幽默语言的时候,要注意谈话的话题,如果是一些严肃的话题,就要慎重使用幽默,如果是一些比较轻松的话题,就可以使用幽默来发挥你的特长。

(5)要学习语言中幽默的技巧,就需要平时要多看书,注重积累,从书里体会幽默的一些特点;也要根据自身情况,研究一套属于自己的幽默语言,这样可以在恰当的时候发挥出来。

在要说一些事之前,有三件事要考虑:方法、时间、地点。

——萨迪